監修　国土交通省大臣官房官庁営繕部

官庁施設のユニバーサルデザインに関する基準及び同解説

平成18年版

社団法人　公共建築協会

はじめに

　本格的な少子・高齢社会の時代を迎え、すべての人が自立した個人として参画できる社会の実現が求められています。このため、社会を構成する建築物を含めた社会資本を整備する上で、だれもが利用出来るように施設を整備することが重要な課題となり、官庁施設整備においても、ハートビル法等に基づいた従来からの高齢者・障害者施策にとどまらず、今後は、ユニバーサルデザインの視点に立つ、きめ細やかな対応が必要とされています。

　このような社会的課題に対応するため、国土交通省官庁営繕部においては、平成14, 15年度に「官庁施設のユニバーサルデザイン検討委員会」を設置して、ユニバーサルデザインの考え方を導入した具体的対応策に関する検討を行い、その検討結果を踏まえて平成18年3月31日、「官庁施設のユニバーサルデザインに関する基準」を制定しました。

　本書はその制定された基準をわかりやすく解説するとともに、委員会における検討資料等をもとに、ユニバーサルデザインの考え方、実現に向けた留意事項、基本となる設計上のポイント等を、施設整備に関わる実務者に利用しやすいように編集したものです。

　ユニバーサルデザインとは、ノースカロライナ州立大学（米）の故ロナルド・メイス教授が1980年代に提唱したもので、「すべての人にとって、できる限り利用可能であるように、製品、建物、環境をデザインすることであり、デザイン変更や特別仕様のデザインが必要なものであってはならない。」と定義されています。施設の特性により個々の対応は異なるかも知れませんが、ユニバーサルデザインの考え方は全ての施設に共通するユニバーサルなものと言えます。

　本書が、官公庁施設の整備に携わる方はもとより、一般の施設においても広く活用され、施設整備におけるユニバーサルデザインの考え方が広く普及することを期待致します。

平成１９年３月

　　　　　　　　　　　　　　　　　　　　　　　社団法人　公共建築協会
　　　　　　　　　　　　　　　　　　　　　　　　　会長　　照井　進一

官庁施設のユニバーサルデザインに関する基準及び同解説

目　　次

第1編　官庁施設のユニバーサルデザインに関する基準（本文）・・・・・・・・・・・・・・・　1

第2編　官庁施設のユニバーサルデザインに関する基準（解説）・・・・・・・・・・・・・・　7
　第1章　総則・・　9
　　1.1　目的・・　9
　　1.2　用語の定義・・　10
　第2章　基本事項・・　11
　　2.1　基本方針・・　11
　　2.2　評価及び検証・・・　14
　第3章　官庁施設のユニバーサルデザインに関する性能の水準及び技術的事項・・　15
　　3.1　性能の水準・・・　15
　　3.2　技術的事項・・・　15
　　3.3　施設の特性の考慮についての考え方・・・・・・・・・・・・・・・・・・・・・・・・・・・・・・・　20

資料1　ユニバーサルデザイン7原則・・・　22
資料2　官庁施設整備に当たっての主たる視点・・・・・・・・・・・・・・・・・・・・・・・・・・・・・・　25
資料3　ユニバーサルデザインレビューの進め方・・・・・・・・・・・・・・・・・・・・・・・・・・・・・　27

付　録　ユニバーサルデザイン整備ガイド・・・・・・・・・・・・・・・・・・・・・・・・・・・・・・・・・・・・　35

参考資料1　「高齢者、障害者等の移動等の円滑化の促進に関する法律施行令」及び
　　　　　　「高齢者、身体障害者等が円滑に利用できる特定建築物の建築の促進
　　　　　　に関する法律施行令」対比表

参考資料2　「高齢者、障害者等が円滑に利用できるようにするために誘導すべき
　　　　　　建築物特定施設の構造及び配置に関する基準を定める省令（建築物移
　　　　　　動等円滑化誘導基準）」及び「高齢者、身体障害者等が円滑に利用でき
　　　　　　る特定建築物の建築の促進に関する法律施行規則」対比表

付　録　ユニバーサルデザイン整備ガイド（詳細目次）

- （1）－1　移動空間（建築物外部） ……………………………………… 37
  - ①　敷地出入口
  - ②　歩行者用通路
  - ③　階段・スロープ
  - ④　自転車路・駐輪場
  - ⑤　車　路
  - ⑥　駐車場
  - ⑦　車寄せ
  - ⑧　憩いの場
  - ⑨　その他
- （1）－2　移動空間（建築物内部） ……………………………………… 57
  - ①　玄関廻り・建物出入口
  - ②　玄関ホール
  - ③　受付・案内設備
  - ④　廊　下
  - ⑤　スロープ
  - ⑥　階　段
  - ⑦　エレベーター
  - ⑧　エスカレーター
  - ⑨　各室出入口
- （2）行為空間 ………………………………………………………………… 81
  - ①　待　合
  - ②　窓　口
  - ③　執務室、会議室
  - ④　トイレ
  - ⑤　電話コーナー
  - ⑥　水飲み器
  - ⑦　授乳室等
  - ⑧　喫煙室
  - ⑨　湯沸室
  - ⑩　職員休養スペース
  - ⑪　食　堂
  - ⑫　スイッチ・コンセント
- （3）情　報 ………………………………………………………………… 99
  - ①　視覚情報
  - ②　触知情報
  - ③　音声情報
  - ④　人的対応
- （4）環　境 ………………………………………………………………… 111
  - ①　光環境
  - ②　音環境
  - ③　熱環境
  - ④　空気質環境
- （5）安　全 ………………………………………………………………… 117
  - ①　避　難
  - ②　防　犯

第1編 官庁施設のユニバーサルデザインに関する基準（本文）

官庁施設のユニバーサルデザインに関する基準

国営整第 157 号
国営設第 163 号
平成 18 年 3 月 31 日

第1章　総　則

1.1　目　的

　この基準は、「官庁施設の基本的性能基準」（平成１８年３月３１日国営整第１５６号、国営設第１６２号）に定められる性能のうち、ユニバーサルデザインに関する性能について、官庁施設に求められる水準及びこれを確保するために必要な技術的事項等を定め、高齢者、障害者等を含むすべての人に利用しやすい官庁施設の整備を推進することを目的とする。

1.2　用語の定義

(1) この基準において、「ユニバーサルデザイン」とは、障害の有無、年齢、性別、言語等にかかわらず多様な人々が利用しやすいように施設や生活環境をデザインすることをいう。

(2) この基準において、「ユニバーサルデザインレビュー」とは、より利用しやすい施設の整備を目指し、施設整備の各段階において行う、ユニバーサルデザインの視点に立ったニーズの把握、解決策の検討、評価及び検証並びにフィードバックのプロセスをいう。

第2章　基本事項

2.1　基本方針

(1) 官庁施設は、高齢者、障害者等を含むすべての施設利用者がサービス等を等しく享受できるよう、安全に、安心して、円滑かつ快適に利用できるものとする。

(2) 官庁施設は、施設固有の条件及び特性に応じて柔軟に対応し、施設利用者のニーズをきめ細やかに考慮したものとする。

(3) 地域との連携を図った施設の整備により、連続的な環境の整備及びコミュニティの形成に貢献する。

2.2 評価及び検証

施設の特性に応じたユニバーサルデザインレビューにより、施設利用者の視点から総合的に評価及び検証を行う。

第3章 官庁施設のユニバーサルデザインに関する性能の水準及び技術的事項

3.1 性能の水準

すべての施設利用者が、できる限り、円滑かつ快適に利用できるものとする。

3.2 技術的事項

3.2.1 移動空間

(1) すべての施設利用者が、できる限り同じ経路で移動できるものとする。
(2) 移動経路は、連続性及び見通しの確保、適確な案内の情報の提供等により、分かりやすいものとする。
(3) 同一階においては段差を設けず、滑りにくく平坦な床仕上げとするほか、必要に応じて手すりを設置する等により、すべての施設利用者が円滑に水平移動できるものとする。なお、やむを得ず段差が生じる場合は、傾斜路を設置する。
(4) 移動しやすいように、十分な空間を確保する。
(5) 地域との連携を考慮しつつ、敷地の内外を通じた移動経路の連続性を確保する。
(6) 建築物の外部及び屋内駐車場においては、自動車に対して、歩行者等の安全性及び利便性を優先する。
(7) 建築物の外部においては、天候により移動に支障が生じたり、安全性が損なわれないよう配慮する。
(8) 扉は、容易に開閉できて通過できるものとする。
(9) エレベーター及び主要な階段は、自由に選択できるよう、便利で、分かりやすい位置に配置する。
(10) 階段及び傾斜路は、安全性及び上り下りのしやすさを考慮したものとする。
(11) エレベーターは、十分な空間を確保したものとするとともに、多様な施設利用者を考慮し、乗降時の安全性、操作のしやすさ、案内情報の分かりやすさ等に配慮したものとする。
(12) 移動経路から利用しやすい位置に、適切に休憩スペースを設ける。

3.2.2 行為空間

(1) 所要の動作をしやすいように、十分な空間を確保する。
(2) 室等の中の配置構成、家具及び衛生器具等の寸法及び形状等は、多様な施設利用者を考慮し、利用しやすいものとなるよう設定する。

(3) 便所は、便利で分かりやすい位置に設け、多様な施設利用者を考慮し、必要な機能を確保する。
(4) スイッチ等は、操作しやすい大きさ、形状等で、操作の方法が分かりやすく、安全なものを、操作しやすい位置に設置する。

3.2.3 情　　報
(1) 案内の情報は、多様な施設利用者を考慮し、視覚情報、音声・音響情報及び触知情報を適切に併用して多角的に提供する。また、図記号による表示、外国語やひらがなの併用等により、情報の内容が容易に理解できるよう配慮する。
(2) 動線の分岐点等要所要所で、必要な情報が得られるよう情報を提供する。
(3) 単純かつ明快に、分かりやすく情報を提供する。
(4) 図記号等については標準的なものを使用するほか、施設内又は地域内における統一性を考慮したものとする。

3.2.4 環　　境
　光環境、音環境、熱環境、空気質環境、色彩環境、触感等について、身体感覚に加え、心理的影響を考慮した快適性に配慮したものとする。

3.2.5 安　　全
(1) 適切な防災計画及び避難計画に加え、非常時の確実な情報伝達のための多角的な情報伝達手段の確保により、すべての施設利用者が安全に避難できるよう配慮したものとする。
(2) 施設利用者の自由な移動と必要な防犯性の確保との両立に配慮する。

3.3　施設の特性の考慮についての考え方
　3.1の性能の水準の確保に当たっては、前記の技術的事項のほか、次に掲げるとおり施設の特性を考慮する。
(1) 不特定かつ多数の人が利用する施設については、高齢者、障害者等が円滑に利用できるものとするための基礎的な基準を超えて、更に円滑な利用の促進を図るため誘導的に求められる基準を満たしたものとするほか、できる限り、すべての施設利用者が円滑かつ快適に利用できるものとする。
(2) その他の施設については、高齢者、障害者等が円滑に利用できるものとするための基礎的な基準を満たしたものとするほか、できる限り、すべての施設利用者が円滑かつ快適に利用できるものとする。

附則
　　この基準は、平成１８年４月１日から適用し、適用日において現に存する官庁施設については適用しない。

第2編　官庁施設のユニバーサルデザインに関する基準（解説）

官庁施設のユニバーサルデザインに関する基準及び同解説

第1章 総　　則

1.1 目　　的

> この基準は、「官庁施設の基本的性能基準」（平成18年3月31日国営整第156号、国営設第162号）に定められる性能のうち、ユニバーサルデザインに関する性能について、官庁施設に求められる水準及びこれを確保するために必要な技術的事項等を定め、高齢者、障害者等を含むすべての人に利用しやすい官庁施設の整備を推進することを目的とする。

　官庁施設（「国家機関の建築物及びその附帯施設」をいう。）の整備については、建築基準法等の建築関係法令に加え、官公庁施設の建設等に関する法律（昭和26年法律第181号）が定められており、同法に基づき、国家機関の建築物及びその附帯施設の位置、規模及び構造に関する基準（平成6年12月15日建設省告示第2379号）が定められている。
　また、「官庁施設の基本的性能基準」においては、同告示に基づき官庁施設の営繕等を行うに当たり、官庁施設として有すべき性能を確保するため、官庁施設の性能の水準、技術的事項及び検証方法を定めている。

　本格的な少子・高齢社会の時代を迎え、すべての人が自立した個人として参画できる社会の実現が求められている。このため、社会を構成する建築物を含めた社会資本を整備する上で、だれもが同じように利用できる施設の整備が重要な課題となっている。

　官庁施設整備に当たっては、従来からの高齢者・障害者施策にとどまらず、より質の高い機能を備えた施設を目指して積極的な対応を行ってきたところであるが、今後は、ユニバーサルデザインの視点に立つ、さらにきめ細やかな対応を行っていくことが必要である。

　ユニバーサルデザインに関する性能については、このような社会的課題に対応するため重要な性能項目であるため、「官庁施設の基本的性能基準」において、その性能等を別に定めることとしており、「官庁施設のユニバーサルデザインに関する基準」

においてこれを定めている。

1.2 用語の定義

> (1) この基準において、「ユニバーサルデザイン」とは、障害の有無、年齢、性別、言語等にかかわらず多様な人々が利用しやすいように施設や生活環境をデザインすることをいう。
> (2) この基準において、「ユニバーサルデザインレビュー」とは、より利用しやすい施設の整備を目指し、施設整備の各段階において行う、ユニバーサルデザインの視点に立ったニーズの把握、解決策の検討、評価及び検証並びにフィードバックのプロセスをいう。

　ユニバーサルデザインとは、ノースカロライナ州立大学（米）のロナルド・メイス教授（1941-1998）が1980年代に提唱したもので、「すべての人にとって、できる限り利用可能であるように、製品、建物、環境をデザインすることであり、デザイン変更や特別仕様のデザインが必要なものであってはならない。」と定義されており、資料1のとおり「ユニバーサルデザイン7原則」が示されている。

第2章　基本事項

2.1　基本方針

> (1) 官庁施設は、高齢者、障害者等を含むすべての施設利用者がサービス等を等しく享受できるよう、安全に、安心して、円滑かつ快適に利用できるものとする。
> (2) 官庁施設は、施設固有の条件及び特性に応じて柔軟に対応し、施設利用者のニーズをきめ細やかに考慮したものとする。
> (3) 地域との連携を図った施設の整備により、連続的な環境の整備及びコミュニティの形成に貢献する。

　官庁施設の利用者としては、来庁者のほか、周辺地域の市民やそこで働く執務者が考えられる。また、来庁者は、子どもからお年寄りまでと幅広く、障害のある人、大きな荷物を持った人、外国人等様々であり、多数の人々が訪れる。官庁施設は、国の機関のサービス等が行われる場であり、すべての人がこれを等しく享受できることが求められている。また、市民にとって、社会活動への参加の場でもあり、だれもが積極的にこれに参加できるよう支援していくことが必要である。そのため、官庁施設整備に当たっては、まず、基本的にすべての人が、安全に、安心して、円滑かつ快適に利用できるものとするという心構えが必要である。

　このような背景から、官庁施設整備へのユニバーサルデザインの考え方の導入が求められているところであり、これに当たっては、官庁施設として、安全で、使いやすく、美しく、適正な価格で、施設用途に応じた備えるべき機能を維持しつつ、すべての人の尊厳を尊重し、特別扱いするのではなく、自主的に選択して利用できるように配慮した施設整備を目指すことが基本となる。
　なお、ユニバーサルデザイン7原則を基にした、官庁施設整備に当たっての主たる視点を資料2に示す。

　ユニバーサルデザインの考え方を導入し、すべての人が使いやすい官庁施設を整備するには、従来のように高齢者、障害者等、特定の人の専用という考え方ではなく、基本的にすべての人を利用者としてとらえ、視野を広げて、その多様で幅広いニーズを十分理解し、施設整備に反映していくことが大切である。企画から施工までの整備過程のできるだけ早い段階から、安全や使いやすさのほか、経済性、技術的条件、文化的要件、環境への配慮、セキュリティの確保等、関連する諸条件を考慮しながら、できる限りすべての人の要求に応える解決策をより上手に組み込むことが重要である。

また、すべからく一律に対応するのではなく、施設が立地する地域性、気候等の特徴を十分把握した上で、調和を図りつつ、柔軟に対応していくことが重要である。

　さらに、すべての人が積極的に社会参加できるまちづくりの推進と社会活動の支援に寄与するという視点からは、地域との連携を図り、コミュニティの形成に貢献すべく、一体的な取組を進めることが重要である。

○施設管理者との連携
　官庁施設整備に当たって大切なことは、施設や設備をすべての人が同じように使えるようにするというユニバーサルデザインの考え方を効果的に取り入れることである。これを実現するには、様々な障害（バリア）となる事象をできる限り取り除く施設や設備（ハード面）での対応が重要であるが、利用者のニーズは多様で幅広く、また個人の能力も年齢とともに変化するなど、できることとできないことが個々異なることから、ハード面での対応のみでは限界がある。このため、施設を運用・管理する立場の人や利用者のそばにいる周囲の人の対応といった支援が欠かせない。
　施設を運用・管理する立場の人が、利用者の不自由さ、また、施設整備の意図を十分に理解した上で、さらに、利用者に対する配慮や工夫を行えば、利用者にとって施設は格段に使いやすくなる。この意味で、施設整備（ハード面）と運用・管理（ソフト面）は、できる限りすべての人が使いやすい施設を実現するための、車に例えれば「両輪」である。したがって、施設整備に当たっては、利用者のニーズを十分に把握するとともに、施設整備の各段階において、施設管理者と十分な意思疎通を図り、運用・管理段階でのソフト面の対応を想定した上で、整合性のとれた施設計画を立案することが必要である。

○周辺地域、事業等との連携
　官庁施設の敷地内にとどまらず、ユニバーサルデザインの考え方を導入した面的、連続的な整備の取組が大切である。
　そのためには、関係部局との調整を図り、地域におけるバリアフリー化やユニバーサルデザイン化の計画等との整合性を確保することが必要である。
　例えば、公共交通機関からの経路については、移動しやすい経路の確保、分かりやすい案内等の実現に向けて、道路管理者等との連携が必要である。また、移動経路等についての地域的な情報提供も、利用しやすさを確保するための有効な手段となる。

　また、近隣の公共施設等との連携によるネットワークの形成に努めることも重要である。必要に応じて地域の代表や周辺事業者等が加わった連絡協議会の設置を考

えるなど、連携のための活動母体の構築を図ることが大切である。
　具体的な取組としては、例えば、敷地の一角の休憩スペースや歩道スペースとしての提供などによる、快適で安全な歩行空間の整備、公園等公共空間のユニバーサルデザイン化、わかりやすい案内表示等の整備について連携を図るなど周辺事業との連携・調整を行うことが考えられる。

○固有の条件に応じた配慮等
　施設整備に当たり、気候条件、敷地条件、施設の立地や用途による利用者の構成等は千差万別であり、それぞれの固有の条件に応じた配慮が必要となる。以下に具体例を示す。

〈気候条件に応じた配慮の例〉
　積雪地では、雪による歩道のすべり防止のため、雪避けスペースを確保し、融雪や上屋の設置等に配慮する。また、風雨が強い地域では、玄関の庇を広く確保するなど、傘の開閉時や車の乗降時に雨にぬれないように配慮する。

〈敷地条件に応じた配慮の例〉
　敷地に極端な傾斜がある場合は、玄関までの移動経路を平坦にするよう、地盤にあわせて複数の玄関を設置するなど工夫する。そのために建物内で生じた高低差については、建物内の縦動線で円滑に移動できるように配慮する。
　あるいは、低地等で水害による浸水対策のため、1階の床の高さを地盤に対して高めに設定することが必要となる場合もある。このような場合でも、敷地内での地盤の高さの設定の工夫等により、段差を生じさせないように配慮する。

〈施設の立地や用途による利用者の構成に応じた配慮の例〉
　地域や施設の用途によって、高齢者、外国人等の利用が多くなる場合がある。すべての人にとって使いやすいことが基本となるが、利用者の構成に応じて、例えば、移動を助ける手すりやゆっくりできる休憩スペースの設置、サインの図（図記号、文字等）と地の明度差の確保や併記する外国語の種類の増加等といったきめ細やかな配慮が必要である。

　また、すべての施設における対応を標準化することにより、利用者にとってわかりやすいものとなることもある。例えば、サインの表示方法、スイッチの位置や配置の標準化がこれに該当すると考えられる。

2.2 評価及び検証

> 施設の特性に応じたユニバーサルデザインレビューにより、施設利用者の視点から総合的に評価及び検証を行う。

　「官庁施設の基本的性能基準」においては、官庁施設の計画が、技術的事項を満たしているかどうかを検証することとし、そのための方法を定めている。
　ユニバーサルデザインに関する性能については、施設利用者の視点からの「ユニバーサルデザインレビュー」により、検証に加え、評価を行うこととしている。
　なお、ユニバーサルデザインレビューの進め方については、資料3を参考とされたい。

第3章 官庁施設のユニバーサルデザインに関する性能の水準及び技術的事項

3.1 性能の水準

> すべての施設利用者が、できる限り、円滑かつ快適に利用できるものとする。

　官庁施設は、国の機関のサービス等が行われる場であり、すべての人がこれを等しく享受できることが求められていることから、すべての施設利用者が円滑かつ快適に利用できることが望ましい。
　そこで、性能の水準として、官庁施設の基本的性能基準を定めるとともに、ユニバーサルデザインに関する性能の水準を定めることとした。

　ユニバーサルデザインにおける技術的事項の移動空間、行為空間、情報、環境、安全の5つの視点は、完全に分離できるものではなく、縦軸と横軸の関係のように、密接に関係している。このため、多角的な視点から検討を行い、きめ細やかな配慮をした施設整備を目指すことが必要である。

3.2 技術的事項

3.2.1 移動空間

> (1) すべての施設利用者が、できる限り同じ経路で移動できるものとする。
> (2) 移動経路は、連続性及び見通しの確保、適確な案内の情報の提供等により、分かりやすいものとする。
> (3) 同一階においては段差を設けず、滑りにくく平坦な床仕上げとするほか、必要に応じて手すりを設置する等により、すべての施設利用者が円滑に水平移動できるものとする。なお、やむを得ず段差が生じる場合は、傾斜路を設置する。
> (4) 移動しやすいように、十分な空間を確保する。
> (5) 地域との連携を考慮しつつ、敷地の内外を通じた移動経路の連続性を確保する。
> (6) 建築物の外部及び屋内駐車場においては、自動車に対して、歩行者等の安全性及び利便性を優先する。
> (7) 建築物の外部においては、天候により移動に支障が生じたり、安全性が損なわれないよう配慮する。

> (8) 扉は、容易に開閉できて通過できるものとする。
> (9) エレベーター及び主要な階段は、自由に選択できるよう、便利で、分かりやすい位置に配置する。
> (10) 階段及び傾斜路は、安全性及び上り下りのしやすさを考慮したものとする。
> (11) エレベーターは、十分な空間を確保したものとするとともに、多様な施設利用者を考慮し、乗降時の安全性、操作のしやすさ、案内情報の分かりやすさ等に配慮したものとする。
> (12) 移動経路から利用しやすい位置に、適切に休憩スペースを設ける。

○対象部位
　移動空間の視点から配慮を要する部位としては、次のようなものが想定される。

(1) 建築物外部
　敷地出入口、歩行者用通路、階段・スロープ、自転車路・駐輪場、車路、駐車場、車寄せ、憩いの場

(2) 建築物内部
　玄関・建築物出入口、玄関ホール、受付、廊下、スロープ、階段、エレベーター、エスカレーター、各室出入口

○円滑な水平移動の確保
　歩行者用通路に段差が生じないようにするためには、適切に外構の地盤及び路面の高さを設定することが必要である。また、やむを得ず段差が生じる場合は、最小限の段差とするよう配慮することが必要であり、その上で傾斜路を併設する。

○歩行者等の安全性及び利便性の優先
　建築物の外部及び屋内駐車場においては、自動車に対して、歩行者等の安全性及び利便性を優先することが必要であり、そのためには次のようなことに留意する必要がある。
・歩行者等と自動車の経路を分離する。
・歩行者と自転車の経路をできるだけ分離する。
・歩行者等の経路は、玄関まで遠回りとならないように計画する。

○建築物の内部の空間構成
　簡潔で合理的な、連続性のある空間構成とし、玄関ホール等の主な地点で、目的地等が把握できるように、見通しを確保することが必要である。

○円滑な垂直移動手段の確保

異なる階への移動手段としては、階段の他に、原則としてエレベーターを設置する。

エスカレーターについては、エレベーターだけでは輸送能力が不足する場合等に設置を考慮する。

3.2.2　行為空間

(1) 所要の動作をしやすいように、十分な空間を確保する。
(2) 室等の中の配置構成、家具及び衛生器具等の寸法及び形状等は、多様な施設利用者を考慮し、利用しやすいものとなるよう設定する。
(3) 便所は、便利で分かりやすい位置に設け、多様な施設利用者を考慮し、必要な機能を確保する。
(4) スイッチ等は、操作しやすい大きさ、形状等で、操作の方法が分かりやすく、安全なものを、操作しやすい位置に設置する。

○対象部位

移動空間の視点から配慮を要する部位としては、次のようなものが想定される。

待合、窓口、執務室・会議室、便所、電話コーナー、水飲み器、授乳室等、喫煙室、湯沸室、職員休養スペース、食堂、観覧席・客席、宿泊室、浴室・シャワー室、更衣室・脱衣室、その他これらに類する空間、什器、コンセント、スイッチ等

○各部の寸法、形状等

室等の中の配置構成、家具及び衛生器具等の寸法及び形状、スイッチ等の位置等について、すべての施設利用者が共通のものを使用することが困難な場合は、それぞれが快適に使用できる選択肢を確保する。

○スイッチ等の操作方法

スイッチ等は、操作方法がわかりやすく、誤った操作をしにくく、万一誤った操作をしても安全であるように配慮されたものを選択する。また、必要に応じて、適切に操作方法等を表示する。

3.2.3 情　　報

---
(1) 案内の情報は、多様な施設利用者を考慮し、視覚情報、音声・音響情報及び触知情報を適切に併用して多角的に提供する。また、図記号による表示、外国語やひらがなの併用等により、情報の内容が容易に理解できるよう配慮する。
(2) 動線の分岐点等要所要所で、必要な情報が得られるよう情報を提供する。
(3) 単純かつ明快に、分かりやすく情報を提供する。
(4) 図記号等については標準的なものを使用するほか、施設内又は地域内における統一性を考慮したものとする。

○多角的な案内の情報の提供

　だれもが必要な情報を得られるよう、次のように、多様な施設利用者のニーズに即した多角的な情報の提供を行う。
- 視覚障害者を考慮した触知情報、音声・音響情報を提供する。
- 聴覚障害者を考慮した視覚情報を提供する。
- 外国人や子供を含む多様な施設利用者を考慮した、図記号の表示、外国語やひらがなを併記する。

○単純かつ明確でわかりやすい情報提供

　視覚情報について、わかりやすいものとするためには、次のようなことに留意する必要がある。
- はっきりと見える大きさ、形状、色、設置位置等により表示する。
- 弱視者を考慮した明度差の確保、色覚障害者を考慮した色彩の選択に配慮する。
- 提供される情報の内容や表現を施設内で統一し、連続性のある計画とする。
- 色分け、形態の特徴づけ等を活用した情報提供を行う。

○人による情報提供との調和

　官庁施設を、すべての施設利用者が円滑かつ快適に利用できるものとするためには、できる限りの配慮をして施設を整備することが必要であるが、一方で、ハード面での対応には限界がある。そのため、施設の運用・管理に当たってのソフト面からの対応が不可欠であり、ハードとソフトが互いに補完しあって、施設利用者が円滑に必要な情報を得られるよう配慮する。

3.2.4 環　　境

> 光環境、音環境、熱環境、空気質環境、色彩環境、触感等について、身体感覚に加え、心理的影響を考慮した快適性に配慮したものとする。

○身体感覚への配慮

　身体感覚を考慮して、次のようなことに配慮して環境を確保する必要がある。
・見やすさを考慮した光環境を確保する。
・聞きやすさを考慮した音環境を確保する。
・快適性を考慮した熱環境、空気質環境を確保する。
・触れたときの快適性を考慮した素材を使用する。

○心理的影響への配慮

　心理的影響を考慮して、次のようなことに配慮して環境を確保する必要がある。
・色彩の与える心理的影響を考慮した色彩を計画する。

3.2.5 安　　全

> (1) 適切な防災計画及び避難計画に加え、非常時の確実な情報伝達のための多角的な情報伝達手段の確保により、すべての施設利用者が安全に避難できるよう配慮したものとする。
> (2) 施設利用者の自由な移動と必要な防犯性の確保との両立に配慮する。

○安全な避難

　すべての施設利用者が安全に避難できるよう、適切な防災計画、避難計画等を検討する必要があるが、非常時の対応については、施設面のみでは限界があり、人的対応が必須となる。人的対応との連携により安全な避難を確保できるよう、必要に応じて、自力での避難が困難な車いす使用者等が、救助が到着するまで一時避難するためのスペースを確保することなどが必要である。また、非常時の対応について職員に徹底し、移動制約者を補助する体制を確保することなどが必要である。

○自由な移動と防犯性の両立

　施設利用者の自由な移動と防犯性の確保とは、相反する要素となる可能性がある。適切なゾーニング、動線計画等により、これらの両立を図るよう配慮する必要がある。

3.3　施設の特性の考慮についての考え方

> 3.1 の性能の水準の確保に当たっては、前記の技術的事項のほか、次に掲げるとおり施設の特性を考慮する。
> (1)　不特定かつ多数の人が利用する施設については、高齢者、障害者等が円滑に利用できるものとするための基礎的な基準を超えて、更に円滑な利用の促進を図るため誘導的に求められる基準を満たしたものとするほか、できる限り、すべての施設利用者が円滑かつ快適に利用できるものとする。
> (2)　その他の施設については、高齢者、障害者等が円滑に利用できるものとするための基礎的な基準を満たしたものとするほか、できる限り、すべての施設利用者が円滑かつ快適に利用できるものとする。

　高齢者、障害者等が円滑に利用できるものとするための基礎的な基準を超えて、更に円滑な利用の促進を図るため誘導的に求められる基準としては、高齢者、障害者等の移動等の円滑化の促進に関する法律（平成18年法律第91号、以下「バリアフリー新法」という。）により定められる建築物移動等円滑化誘導基準を想定している。
　また、高齢者、障害者等が円滑に利用できるものとするための基礎的な基準としては、同法により定められる建築物移動等円滑化基準を想定している。

　官庁施設のうち庁舎及びその附帯施設の建築設計及びこれらの外部環境設計に係る、「官庁施設の基本的性能基準」に定める性能の水準を満たすための標準的な手法及びその他の技術的事項については、「建築設計基準」（平成18年3月31日国営整第158号）が定められている。同基準は、多機能便所、休憩スペース等の設置、窓口業務を行う事務室の出入口の自動ドア化等更にきめ細やかな配慮について規定している。

　官庁施設の整備に当たっては、高齢者、障害者等が円滑かつ快適に利用できるものとなるよう、施設の特性に応じて、適切にこれらの基準を満たしつつ、その上で、2.2 に規定されるとおり、施設利用者の視点から、ユニバーサルデザインレビューを行うことにより、すべての施設利用者が、できる限り、円滑かつ快適に利用できる施設の計画とする必要がある。

○既存施設の改修
　既存施設の改修に当たっての整備の基本的な視点は新築と同じである。
　　ただし、「改修」と言っても、改修の目的、改修範囲、改修に投じられる費用等を例にとってみても、その内容は実に様々である。あわせて、既に構造体の物理的

な容量が決まっていること、通常、施設を使いながらの工事となることなど、新築と比較して制約条件も多数生じてくる。

したがって、既存施設の改修においては、この基準に示されているすべての内容を適用させて検討することが必ずしも現実的でない場合があると思われるが、ユニバーサルデザインの導入に当たっての考え方を十分に理解した上で、できる限りの工夫を行っていくことが重要である。

特に、改修の目的がバリアフリー新法に基づく改修等、高齢者、障害者等への対応を主目的とした場合においては、以下の事項を、優先して確保すべき機能と考える。
- 建物に支障なく、円滑に入れること
- 円滑に入ることのできる階で、主たる目的の達成のための行動に支障が生じないこと。あわせて便所の使用に支障が生じないこと
- 上下階への移動が支障なくできること。できない場合は、人的な補助が可能となっていること

また、改修計画を立案するに当たっては、既存施設の問題点を十分に把握し、施設利用者のニーズを的確に把握した上で、施設の利用形態を踏まえ、必須事項、優先事項を検討し、整備水準を設定する。なお、ユニバーサルデザインの視点からは、改修後の整備水準がより上位の水準となるよう努めることが大切であり、段階的に整備を実施することも考慮しておく必要がある。

資料1　ユニバーサルデザイン7原則

　この原則は、以下のユニバーサルデザイン提唱者により編集された（アルファベット順）：Bettye Rose Connell, Mike Jones, Ron Mace, Jim Mueller, Abir Mullick, Elaine Ostroff, Jon Sanford, Ed Steinfeld, Molly Story, Gregg Vanderheiden
また、日本語訳文の責任は、Satoshi Kose, Tetsuya Yasuzawa, Koji Yanagida, Michiko Shimizu, Michiko Horikawa（古瀬敏、安澤徹也、柳田宏治、清水道子、堀川美智子）にある。

ユニバーサルデザインとは
　すべての人にとって、できる限り利用可能であるように、製品、建物、環境をデザインすることであり、デザイン変更や特別仕様のデザインが必要なものであってはならない。
　ユニバーサルデザイン原則は、建築家や工業デザイナー、技術者、環境デザイン研究者などからなるグループが、協力しあってまとめたものである。
　これは、環境、製品、コミュニケーションなどを含めて、デザインがかかわる幅広い分野での方向性を明確にしている。これらの7原則は、既存のデザインの評価や、デザイン・プロセスの方向づけに使えるだけでなく、使いやすい製品や環境とはどうあるべきかを、デザイナーのみならず消費者を啓蒙するためにも活用できるものである。

ユニバーサルデザイン7原則は以下のものから構成されている。
原則：簡潔で、かつ、覚えやすく表現された基本的な考え方
定義：原則に沿ったデザインをするための簡潔な方向付け
ガイドライン：原則に忠実であるために必要とされる基本要件
（注：すべてのガイドラインが、どのようなデザインにも当てはまるとは限らない。）

原則1：誰にでも公平に利用できること
定　義：誰にでも利用できるように作られており、かつ、容易に入手できること。
ガイドライン：
　1a. 誰もが同じ方法で使えるようにする：それが無理なら別の方法でも仕方ないが、公平なものでなくてはならない。
　1b. 差別感や屈辱感が生じないようにする。
　1c. 誰もがプライバシーや安心感、安全性を得られるようにする。
　1d. 使い手にとって魅力あるデザインにする。

原則 2：使う上で自由度が高いこと
定　義：使う人のさまざまな好みや能力に合うように作られていること。
ガイドライン：
　　2a．使い方を選べるようにする。
　　2b．右利き、左利きどちらでも使えるようにする。
　　2c．正確な操作がしやすいようにする。
　　2d．使いやすいペースに合わせられるようにする。

原則 3：使い方が簡単ですぐ分かること
定　義：使う人の経験や知識、言語能力、集中力に関係なく、使い方がわかりやすく作られていること。
ガイドライン：
　　3a．不必要に複雑にしない。
　　3b．直感的にすぐに使えるようにする。
　　3c．誰にでも分かる用語や言い回しにする。
　　3d．情報は重要度の高い順にまとめる。
　　3e．操作のためのガイダンスや操作確認を、効果的に提供する。

原則 4：必要な情報がすぐに理解できること
定　義：使用状況や、使う人の視覚、聴覚などの感覚能力に関係なく、必要な情報が効果的に伝わるように作られていること。
ガイドライン：
　　4a．大切な情報を十分に伝えられるように、絵や文字、手触りなど異なった方法を併用する。
　　4b．大切な情報は、（例えば大きな文字で書くなど）できるだけ強調して読みやすくする。
　　4c．情報をできるだけ区別して説明しやすくする（やり方が口頭で指示しやすくなるように）。
　　4d．視覚、聴覚などに障害のある人が利用しているさまざまなやり方や道具でも、情報がうまく伝わるようにする。

原則 5：うっかりミスや危険につながらないデザインであること
定　義：ついうっかりしたり、意図しない行動が、危険や思わぬ結果につながらないように作られていること。
ガイドライン：
　　5a．危険やミスをできる限り防ぐ配慮をすること：頻繁に使うものは最もアクセスしやすくし、危険なものはなくしたり、隔離したり、覆うなどする。

5b. 危険なときやミスをしたときは警告を出す。
　5c. 間違っても安全なように配慮をする（フェイルセーフ）。
　5d. 注意が必要な操作を、意図せずにしてしまうことがないように配慮する。

原 則 6：無理な姿勢をとることなく、少ない力でも楽に使用できること
定　義：効率よく、気持ちよく、疲れないで使えるようにすること。
ガイドライン：
　6a. 自然な姿勢のままで使えるようにする。
　6b. あまり力を入れなくても使えるようにする。
　6c. 同じ動作を何度も繰り返すことを、できるだけ少なくする。
　6d. 体に無理な負担が持続的にかかることを、できるだけ少なくする。

原 則 7：アクセスしやすいスペースと大きさを確保すること
定　義：どんな体格や、姿勢、移動能力の人にも、アクセスしやすく、操作がしやすい
　　　　スペースや大きさにすること。
ガイドライン：
　7a. 立っていても座っていても、重要なものは見えるようにする。
　7b. 立っていても座っていても、あらゆるものに楽に手が届くようにする。
　7c. さまざまな手や握りの大きさに対応する。
　7d. 補助具や介助者のためのスペースを十分に確保する。

　これらのユニバーサルデザイン 7 原則は、だれにでも利用可能なデザインという視点を中心にしている。しかし、実際のデザインでは、使いやすさ以上のことにも配慮が必要であり、デザイナーが、デザインをする過程で、経済性や、技術的条件、文化的要件、男女差や環境への影響など、関連する諸条件を考慮に入れなければならないことはいうまでもない。これらの 7 原則は、できるだけ多くの人達の要求に対応できるような特徴を、よりうまく組み込んで理想的なデザインを目指すに当たっての、デザイナーへの指針である。

Copyright 1997 N.C. State University, The Center for Universal Design
　（この原則は、主に National Institute on Disability and Rehabilitation Research からの助成金により作成された。）

資料2　官庁施設整備に当たっての主たる視点

　ユニバーサルデザイン7原則を基に、官庁施設整備に当たっての主たる視点を以下に示す。

(1) だれもが公平に施設を利用できること
- だれもが移動しやすい経路とする。基本的にだれもが同じ動線で利用できるようにする。
- だれもが気持ち良く利用し、働くことができるよう、差別感や屈辱感が生じないようにする。
- だれもがプライバシーや安心感、安全性を得られる施設とする。
- 施設は、だれにとっても、魅力あるデザインとする。

(2) だれにとっても使用上の自由度の高い施設や設備であること
- 施設利用者の様々な好みや能力に合わせて、使い方を選べるようにする。（使い方の自由度が高いこと。）
- 設備機器、器具等は、だれもが正確に操作しやすいように、分かりやすく、簡単に利用できるようにする。
- 施設利用者の行動特性を考え、デザインを工夫する。

(3) 施設や設備は、だれにでも使い方が簡単で分かりやすいこと
- 設備機器、器具等の使用方法を分かりやすいものとする。
- 使い方の情報（説明）は、重要度の高い順にまとめる。
- 移動しやすい経路を考え、分かりやすい施設、部屋等の配置とし、及び分かりやすい動線とする。

(4) だれにも必要な情報が効果的に伝わり、理解しやすいこと
- 大切な情報が、効果的に伝わるようにし、絵や文字、手触り等異なった方法を併用する。
- 標識、標示は、分かりやすいものとする。
- 視覚、聴覚等に障害がある人にも効果的に伝わるようにする。

(5) だれにとっても安全なデザインであること
- だれにとっても危険なものや場所がないように配慮する。
- 設備機器、器具等の操作が安全にできるように配慮する。
- うっかりミスや危険につながらないデザインとする。

・だれもが安全に避難できるように、避難・誘導計画を立てる。

(6) だれもが無理な姿勢をとることなく、少ない力でも楽に使えること
・自然な姿勢のままで、効率よく、気持ちよく、疲れないで使えるデザインとする。
・設備機器、器具等は、あまり力を入れなくても使えるようにする。

(7) 利用しやすいスペースと大きさを確保すること
・どんな体格や姿勢、移動能力の人にも、利用しやすいスペースや大きさとする。
・様々な手や握りの大きさに対応できるようにする。
・補助具や介助者のスペースを十分に確保する。

資料3　ユニバーサルデザインレビューの進め方

「営繕事業のプロジェクトマネジメント要領」（平成 18 年 3 月 31 日国営整第 166 号）
別紙「事業の推進にかかる施策別の留意事項」抜粋

(5) ユニバーサルデザインに関すること

　公共性の高い建築物、特に不特定かつ多数の人の利用が想定される施設の整備にあたっては、高齢者、障害者等を含むすべての利用者が、できる限り円滑かつ快適に利用できるよう整備することが重要である。そのためには、常に利用者の視点に立ち返りながら事業を進めるとともに、事業の各段階で得られた評価データ等を蓄積し、フィードバックすることが重要である。このため、「官庁施設のユニバーサルデザインに関する基準」（平成 18 年 3 月 31 日国営整第 157 号、国営設第 163 号）に基づく事業にあたっての「ユニバーサルデザインレビュー」の進め方等を示す。

　ここに、「ユニバーサルデザインレビュー」とは、より良い施設の整備を目指し、事業の各段階において行う、ユニバーサルデザインの視点に立ったニーズの把握、解決策の検討、検証及び評価並びにフィードバックのプロセスをいう。

（企画立案段階（事業化以前））

　担当者は、施設の特性、施設の利用者の要望、周辺地域の環境などの関連する事業実施の条件を把握し、ユニバーサルデザインの視点からその目標を明確化すること。また、施設の用途、規模、立地等に応じてユニバーサルデザインレビューを実施する時期、方法等を明確化すること。その際、ユニバーサルデザインレビューの構成員としては、施設の管理者の参加を前提として、設計マネジメント段階においては設計業務の受注者を、施工マネジメント段階においては設計業務の受注者及び工事の請負者を参加させるほか、必要に応じて、施設の利用者、専門家、地方公共団体、周辺事業者等に参加を求めることが必要である。

　なお、事業の各段階を通じて、施設の管理者と綿密に意思疎通を図り、運用・管理段階でのソフト面での対応と整合のとれた施設の整備に努めること。また、周辺事業との調整を図ることにより、連続的かつ面的な移動環境の整備及びユニバーサルデザインの考え方を踏まえた地域づくりに寄与するよう努めること。

（企画立案段階（事業化以降））

　担当者は、事業化以前の企画内容を再検討し、ユニバーサルデザインに配慮した施設整備について、企画内容をより具体化すること。また、施設の特性、事業実施の条件を考慮しつつ、多様なニーズの優先順位を整理すること。

ユニバーサルデザインレビューのプロセスとしては、施設の管理者からのヒアリング、ワークショップの開催等による施設の利用者からの直接の意見聴取等を行い、施設の管理者及び利用者のニーズの適確な把握に努めることが重要である。

（設計マネジメント段階）
　担当者は、ユニバーサルデザインの視点からの事業の目標が達成されるよう、設計の進捗に応じて、検討、評価等の内容を詳細化しつつ、順次ユニバーサルデザインレビューを行い、その結果を設計にフィードバックすること。

（施工マネジメント段階）
　担当者は、施工図や現場における原寸レベルでの確認を行うなど、工事期間中にも適宜ユニバーサルデザインレビューを行い、その結果を施工にフィードバックすること。また、工事完了時に、施設の管理者に対してユニバーサルデザインの視点からの施設の運用・管理上の留意事項等を確実に伝達すること。

（フォローアップ段階）
　担当者は、ユニバーサルデザインの視点から事業実施上配慮した事項が、施設の使用に当たって有効に機能するよう、施設の管理者に対して必要な支援を行うこと。また、事後調査、顧客満足度調査等により得られたユニバーサルデザインに関する調査結果を蓄積し、以降の事業実施における活用を可能にすること。

○進め方の主たる視点

　ユニバーサルデザインは、施設整備を進めていく上での指標であり、だれもが利用できる施設の整備を目指す取組である。
　しかし、実際の施設整備においては、様々な制約条件があり、あるいは、多様なニーズに対応する中で、どうしても対立する要素もあり得るので、このような場合については、解決策を導くための優先順位の考え方を整理する必要がある。
　ユニバーサルデザインを実現させるためには、個々の施設整備における不断の取組が必要であり、また、次回の施設整備へつなげていくことが大切であることから、ユニバーサルデザインレビューは、常に前の段階よりも高い水準を達成するスパイラルアップの取組となっている。

　ユニバーサルデザインレビューにおいては、施設利用者の視点で、客観的な立場から施設整備の内容についての目標を設定し、レビューを行う項目を抽出して、そのチェックを行う。

　ユニバーサルデザインレビューは、設計者、発注者（施設整備担当）が、これ

までの整備実施例等を基礎としつつ進めていくこととなるが、体制の確保が必要であり、また、ユニバーサルデザインの視点から見識のある助言を求めることができるアドバイザーの確保も重要である。いずれにしても、少しずつ実行に移すことが必要である。

必要に応じて専門家からの意見聴取、ワークショップ（施設利用者等との共同検討）を実施する場合は、施設用途や整備段階に応じて、効果的かつ合理的な意見聴取の方法（対象者、形式等）を選択するとともに、ポイントを絞って、効果的な意見聴取を心掛けることが大切である。

また、分かりやすい説明手法として、模型、コンピュータ・グラフィック、モックアップ（実物大模型）等による現場確認等を採用することは有効な手段である。

各段階の評価については、データを蓄積し、フィードバックすること、特に失敗事例を蓄積し、過去と同じようなミスを回避することが肝要である。

○整備の各段階での取組

当初よりユニバーサルデザインの視点に立って施設整備を適切に進めることにより、手戻りが減少し、より多くの使いやすい施設の整備が実現できることから、質の高い、効果的な施設整備が可能となる。

そのため、あらかじめ、施設管理者や施設利用者との十分な意思疎通を図ることが大切であり、ユニバーサルデザインレビューを施設の企画・立案といったより早い段階から実施することにより、ユニバーサルデザインの考え方を導入した官庁施設の整備をより効果的に進めることができる。

なお、施設の用途、規模、立地条件等により、相応しいユニバーサルデザインレビューの進め方を選択すればよく、必ずしも画一的なユニバーサルデザインレビューを実施する必要はない。特に、各段階で行う意見聴取等の体制及び人選は、目的に応じてバランスを考慮する必要がある。

また、各段階において的確に検討が行われるよう、最初に、施設整備のコンセプト（基本的考え方）、ユニバーサルデザインレビューの進め方、ユニバーサルデザインの視点からの目標等を明確にしておくこと、更に、各段階においては、次の段階で検討が必要な事項を整理しておくことが必要である。

以下に、各段階におけるユニバーサルデザインレビューの例を示すが、個々の施設整備においてどのように実施するかは十分に吟味することが必要である。

なお、ユニバーサルデザインレビューのイメージ図についても参照されたい。

| 企画立案段階（事業化以前） |

(1) 企画構想（ユニバーサルデザインレビュー　step1）
- 施設管理者と十分な意思疎通を図り、施設の利用形態、運用・管理の状況の想定
- ユニバーサルデザインの視点に立ち、施設整備のコンセプト（基本的考え方）の設定
- 各段階におけるニーズの把握、評価等の進め方の設定
- （同種の）既存施設における施設利用者のニーズ等の情報収集
- （同種の）既存施設についての事後評価に関する情報の活用
- 敷地の選定について、公共交通機関からの移動経路等を含め、当該施設への移動しやすい経路の確保等の視点の考慮

- 面的、連続的なユニバーサルデザイン化を目指すため、関係部局、周辺事業者等との情報交換
- 必要に応じ、施設利用者（障害者（団体）等）等からの意見聴取等

（事業化以降）

(2) 基本計画（ユニバーサルデザインレビュー　step2）
- 安全で使いやすいゾーン分け及び動線計画の目標設定
- 段差を設けない床、路面及び地盤の高さ関係についての計画の目標設定
- 歩車分離の移動経路の計画の目標設定
- サイン環境の目標設定
- 既存施設の事後評価に関する情報の活用
- 将来の増築が予定されている場合等については、これを考慮した検討事項の整理

- 施設利用者、施設管理者等の既存施設についてのニーズ把握等から得られた問題点の解決策の検討及び評価

設計マネジメント段階

(3) 設計
1) 基本設計（ユニバーサルデザインレビュー　step3）
- 平面計画及び動線計画の確認
- 床や路面に段差を設けない計画となっているかの確認
- 動線上の各部寸法が確保できる計画となっているかの目標設定と確認
- 階段、エレベーター、便所等の単位空間が利用しやすい位置、面積となっているかの目標設定と確認
- 分かりやすいサインの配置計画の目標設定と確認
- 実施設計段階で検討が必要な事項の整理

- ・施設管理者と意思疎通を図りつつ、施設の利用形態、運用・管理の状況に則したものとなっているかの確認
- ・施設利用者との意見聴取から得られた問題点の解決策の検討及び評価
- ・必要に応じて専門家による評価

2) 実施設計（ユニバーサルデザインレビュー　step4）
- ・安全で使いやすい各部寸法（カウンター、手すりの高さ等）の目標設定と確認
- ・安全で使いやすい詳細形状（床面の凹凸、手すりの形状等）の目標設定と確認
- ・安全で使いやすい仕上げ（床材の滑りにくさ等）の目標設定と確認
- ・安全で使いやすく、使用方法が分かりやすい設備機器の仕様（照明の明るさ、エレベーターのセンサー等）の目標設定と確認
- ・竣工後に陥没や段差が起こりにくい下地・工法の目標設定と確認
- ・施工段階で検討が必要な事項の整理

- ・施設管理者と意思疎通を図りつつ、施設の利用形態、運用・管理の状況に則したものとなっているかの確認
- ・施設利用者との意見聴取から得られた問題点の解決策の検討及び評価
- ・必要に応じて専門家による評価

施工マネジメント段階

(4) 施工（ユニバーサルデザインレビュー　step5）
- ・施工図による確認
- ・必要に応じ、モックアップ（実物大模型）を作成し、又は現場において、原寸レベルでの確認
- ・細部（床面の凹凸、スイッチの設置位置等）の確認
- ・仕上げ（色彩等）の確認
- ・サインの設置位置、色彩等の確認

- ・施設管理者と意思疎通を図りつつ、施設の利用形態、運用・管理の状況に則したものとなっているかの確認
- ・施設利用者との意見聴取から得られた問題点の解決策の検討及び評価
- ・必要に応じて専門家による評価

(5) 運用・管理（ユニバーサルデザインレビュー　step6）
- ・運用・管理上のアドバイスの実施等により、当初の施設整備の意図にそった施設の使い方の実現

フォローアップ段階

- 施設管理者へ施設使用に当たっての条件を書面にて伝達
- 不具合のある部分については順次改善

- 施設利用者、施設管理者、必要に応じて専門家を交えた意見聴取から得られた問題点の解決策の検討及び評価

(6) **施設情報のフィードバック（ユニバーサルデザインレビュー　step7）**
- あらゆる機会をとらえた施設の事後評価、調査の実施
  （具体例）　顧客満足度調査（施設利用者及び施設管理者を対象とした施設に対する満足度についての調査）等の実施
  　　　　　整備に携わった設計、施工の担当者（必要に応じて、設計事務所等も参加）により、施設完成後（1～2年程度）、実際の施設の利用状況を把握
- 施設個々のデータの蓄積・活用
  （具体例）　施設整備の各段階で解決しきれなかった課題について、その経緯と理由を整理
  　　　　　施設に関する評価を総合的に行い、技術基準や施設整備にフィードバックする担当部署の設置等により、各種調査等からの情報の収集、データベース化、留意事項集の作成等、フィードバックすべきデータの取りまとめを実施
- 上記の活動の継続及び以降の施設整備への活用・反映
  （具体例）　施設情報のフィードバックの試みとして、施設の評価会議の実施

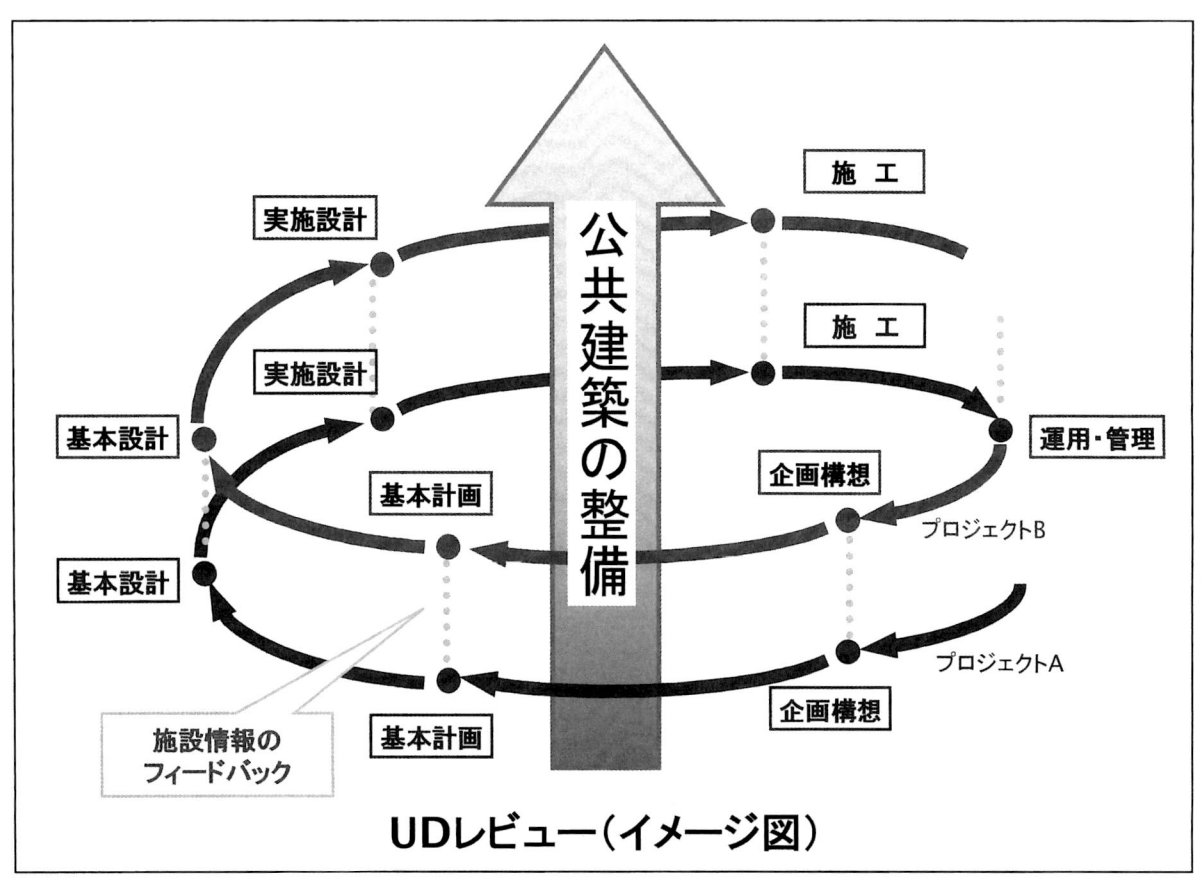

UDレビュー（イメージ図）

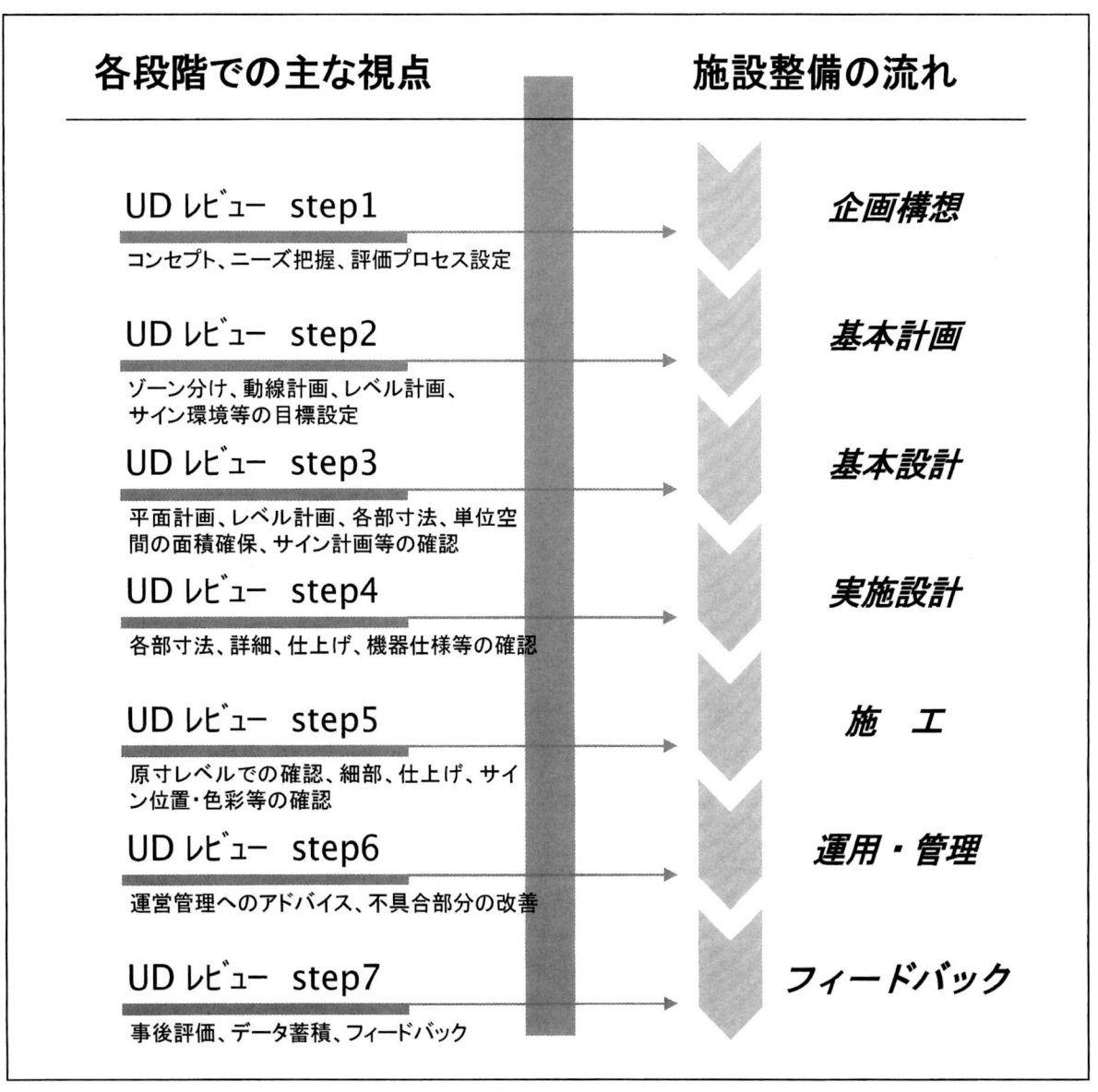

公共建築の整備

実施設計 → 施工
実施設計 → 施工 → 運用・管理
基本設計 → 企画構想 ← プロジェクトB
基本設計 ← 基本計画 ← 企画構想 ← プロジェクトA
施設情報のフィードバック

各段階での主な視点	施設整備の流れ
UDレビュー step1 コンセプト、ニーズ把握、評価プロセス設定	企画構想
UDレビュー step2 ゾーン分け、動線計画、レベル計画、サイン環境等の目標設定	基本計画
UDレビュー step3 平面計画、レベル計画、各部寸法、単位空間の面積確保、サイン計画等の確認	基本設計
UDレビュー step4 各部寸法、詳細、仕上げ、機器仕様等の確認	実施設計
UDレビュー step5 原寸レベルでの確認、細部、仕上げ、サイン位置・色彩等の確認	施 工
UDレビュー step6 運営管理へのアドバイス、不具合部分の改善	運用・管理
UDレビュー step7 事後評価、データ蓄積、フィードバック	フィードバック

付　録　　ユニバーサルデザイン整備ガイド

（1）－1　移動空間（建築物外部）
　　　① 敷地出入口
　　　② 歩行者用通路
　　　③ 階段・スロープ
　　　④ 自転車路・駐輪場
　　　⑤ 車　路
　　　⑥ 駐車場
　　　⑦ 車寄せ
　　　⑧ 憩いの場
　　　⑨ その他

（1）－2　移動空間（建築物内部）
　　　① 玄関・建築物入口
　　　② 玄関ホール
　　　③ 受　付
　　　④ 廊　下
　　　⑤ スロープ
　　　⑥ 階　段
　　　⑦ エレベーター
　　　⑧ エスカレーター
　　　⑨ 各室出入口

（2）　行為空間
　　　① 待　合
　　　② 窓　口
　　　③ 執務室、会議室
　　　④ トイレ
　　　⑤ 電話コーナー
　　　⑥ 水飲み器
　　　⑦ 授乳室等
　　　⑧ 喫煙室
　　　⑨ 湯沸室
　　　⑩ 職員休憩スペース
　　　⑪ 食　堂
　　　⑫ スイッチ・コンセント

（3）　情　報
　　　① 視覚情報
　　　② 触知情報
　　　③ 音声情報
　　　④ 人的対応

（4）　環　境
　　　① 光環境
　　　② 音環境
　　　③ 熱環境
　　　④ 空気室環境

（5）　安　全
　　　① 避　難
　　　② 防　犯

「ユニバーサルデザイン整備ガイド」の位置付け
　国土交通省官庁営繕部に「官庁施設のユニバーサルデザイン検討委員会」（委員長：古瀬敏氏）が設置され、ユニバーサルデザインの考え方を導入した官庁施設整備のあり方について検討が行われました。
　本ガイドは、同委員会の検討を踏まえ「官庁施設のユニバーサルデザインに関する基準」の制定、「高齢者、障害者等の移動等の円滑化の促進に関する法律及び同施行令」の施行を受けて、主な部位又は要素ごとの施設整備上のポイントについて、技術的事項を基本原則として各施設の整備における解決策を導き出す手がかりとして、取りまとめたものです。

（1）整備ガイドの考え方

　整備ガイドは、ユニバーサルデザインの考え方を導入するにあたり、どのような視点を持って検討すべきかということを示しています。官庁施設の企画・設計にあたり、ユニバーサルデザインの視点から、官庁施設個々における最良な解決手法を導き出す手がかりを示す、施設整備を行う人のための手引きとなるものです。

　整備ガイドでは、建物を構成する部位ごとといった従来の設計基準のまとめ方をせず、移動空間、行為空間、情報、環境及び安全の5つの視点から整理しています。これにより、単に個々の建物の部位、設備、単位空間というように部分的に施設の整備を考えるのではなく、より施設利用者の視点に立った、施設全体を通したきめ細やかな対応が実現されることを期待しています。

- ○移動空間：敷地内及び建物内の移動に関係するもの
- ○行為空間：所定の空間の中での行為に関係するもの
- ○情　　報：わかりやすい建物を実現するための空間構成、案内の方法や設置の仕方などに関係するもの
- ○環　　境：人間の感覚に影響を与える空間の快適性に関係するもの
- ○安　　全：災害時の避難に関係するもの及び円滑な移動等を阻害しない防犯に関係するもの

（2）整備ガイドの構成

　整備ガイドでは、それぞれの視点ごとに、まず基本原則を整理しています。

　次に、それぞれの視点における部位及び要素ごとに、基本となる設計上のポイントを【設計のUDポイント】として整理し、これに加えて個々のニーズに応じて特に配慮すべき事項等及び施設整備（ハード面）の対応のみでは解消しきれない不自由さについての運用・管理上（ソフト面）での配慮事項等【個々のニーズへの対応】、UDポイントに対応するハートビル法等の該当個所【参考法令等】、UDポイントを視覚的に理解するための解説図【設計のUDポイント解説】、実際の建物で参考となる部位等の写真【実例】を対応するように整理し、表形式にまとめています。

(1)-1　移動空間（建築物外部）

基本原則（設計のポイント）

1 歩行者の安全性及び利便性を第一優先に考慮
- 歩行者と自動車の経路を分離する
- 歩行者と自転車の経路もできるだけ分離する
- 歩行者用の経路は玄関まで遠回りとならないように計画する
- 特定の人に特別な経路で対応する計画としない
- 滑りにくく、平坦な床仕上げとする

2 わかりやすい経路
- わかりやすく、連続性のある移動経路とする
- 目的場所やそこにいたる経路、サインがすぐに確認できるよう、見通しのよい空間とする
- 単純かつ明快で、わかりやすいサイン計画とする

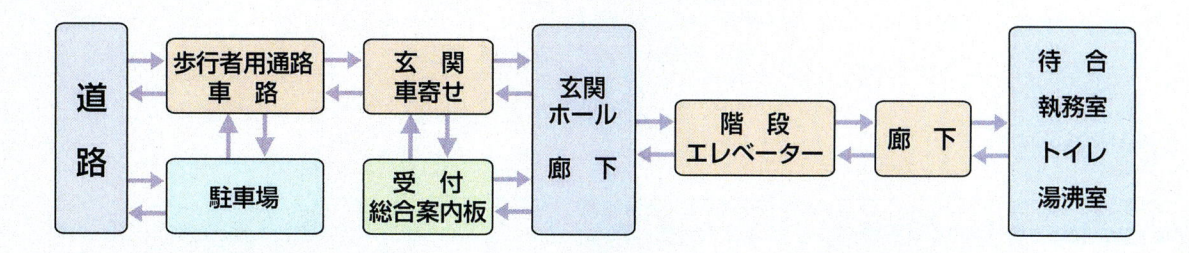

道路 ⇔ 歩行者用通路・車路 ⇔ 玄関車寄せ ⇔ 玄関ホール・廊下 ⇔ 階段・エレベーター ⇔ 廊下 ⇔ 待合・執務室・トイレ・湯沸室
道路 ⇔ 駐車場 ⇔ 受付・総合案内板 ⇔ 玄関ホール・廊下

3 円滑な水平移動の確保
- 歩行者用通路に段差が生じないよう、外構のレベル設定を行う
- やむを得ず段差が生じる場合は最小限の段差とするよう配慮し、階段とスロープを併設する

4 ゆとりの空間の確保
- 移動や行動がしやすいように、ゆとりを持った空間を確保する

設計のUDポイント　項目

① 敷地出入口
② 歩行者用通路
③ 階段・スロープ
④ 自転車路・駐輪場
⑤ 車路
⑥ 駐車場
⑦ 車寄せ
⑧ 憩いの場
⑨ その他

凡例

参考法令等

○：バリアフリー新法
（政令：施行令、基準：建築物移動等円滑化誘導基準）
□：高齢者・身体障害者等の利用を配慮した建築設計標準
＜講習会テキスト＞
☆：その他

個々のニーズへの対応

●：特に留意すべき事項
−（解決方法の例）
▼：管理運営上の配慮

設計のUDポイント	参考法令等	個々のニーズへの対応
① 敷地出入口		
わかりやすい位置 ・アプローチ道路からわかりやすく出入しやすい位置に設置する ・複数道路に接する場合等については、遠回りとならないように適宜複数の出入口を設置する ・複数の敷地出入口がある場合は、視覚障害者誘導用ブロック等は、敷地内での移動、誘導が容易な出入口に敷設する		**視覚** ●出入口の位置を見つけるのが困難 ―視覚障害者誘導用ブロック等を敷設する
案内設備 ・遠くからも認識しやすい庁名板、出入口サイン等を設置する	○政令20.1　建築物又はその敷地には、当該建築物又はその敷地内の移動等円滑の措置がとられたエレベーターその他の昇降機、便所又は駐車施設の配置を表示した案内板その他の設備を設けなければならない。（略） 2　（略）エレベーターその他の昇降機又は便所の配置を点字その他国土交通大臣が定める方法により視覚障害者に示すための設備を設けなければならない。 3　案内所を設ける場合には、前二項の規定は適用しない。	**視覚・外国人** ●文字情報のみのサイン等は認識が困難 ―視覚障害者誘導用ブロック等の敷設や図記号の使用、外国語の表記等に考慮する ―端末に反応して音声案内を行う装置の設置等を考慮する
敷地外道路との連続性 ・敷地内外の歩道のレベルをそろえ、連続性、平坦さを確保する ・道路管理者と調整し、敷地外歩道と敷地内の歩行者用通路の視覚障害者誘導用ブロック等の連続性を確保する	□2.1.1.②　敷地境界では、道路と敷地内通路に段差を設ける場合は、車いす使用者の通行に配慮する。	
自動車の出入りに対する安全性の確保 ・自動車用出入口は、周辺の道路環境、出入りする車両数等に応じて安全性を考慮した計画とする ・車の出入がわかるように見通しを確保 ・サインや植栽は、見通しの確保の障害とならないように配慮する ・歩行者用通路と車路は手すりや縁石などにより明確に分離する	□2.1.1.(1)　配置：原則として歩道、車路を分離することが望ましい。	**視覚** ●敷地の内外、歩道と車道との区別が困難 ―歩行者用通路と車路は手すりや縁石などにより明確に分離する **視覚・聴覚** ●自動車の出入りを認知することが困難 ―十分な見通し、車路を認知できる路面構造の確保に加え、後方確認のための鏡、音声・音響及び視覚情報により自動車の出庫を知らせる警報装置等の設置に配慮する ▼見通しの確保の障害とならないよう、適切に植栽等を管理する
視覚障害者誘導用ブロック等の敷設 ・歩行者用通路の敷地境界部分に、歩行者用通路から車道に出ること、敷地の出入口があること等を知らせる点状ブロック等を設置する。また、歩行者用通路の視覚障害者誘導用ブロック等をこれと連続して設置する ・視覚障害者誘導用ブロック等は、周囲の床面との色の明度、色相又は彩度の差を考慮し、容易に識別できるものとする	○政令21.1　道等から第20条第二項の規定による設備又は同条第三項の規定による案内所までの経路（略）は、そのうち1以上を、視覚障害者が円滑に利用できる経路（以下「視覚障害者移動等円滑化経路」という。）にしなければならない。（略） ○政令21.2.一　当該視覚障害者移動等円滑化経路に、視覚障害者の誘導を行うために、線状ブロック等（略）及び点状ブロック等を適切に組み合わせて敷設（略） ○基準16　道等から当該案内設備（略）までの主たる経路（略）は、視覚障害者移動等円滑化経路にしなければならない。（略） □2.1.1.⑦　視覚障害者に配慮し、敷地境界から建物の出入口又は案内設備等まで視覚障害者誘導用ブロック等の敷設等による誘導を行う。	

設計のUDポイント　解説	実　例

窓口官署の入居する小規模庁舎のイメージ図

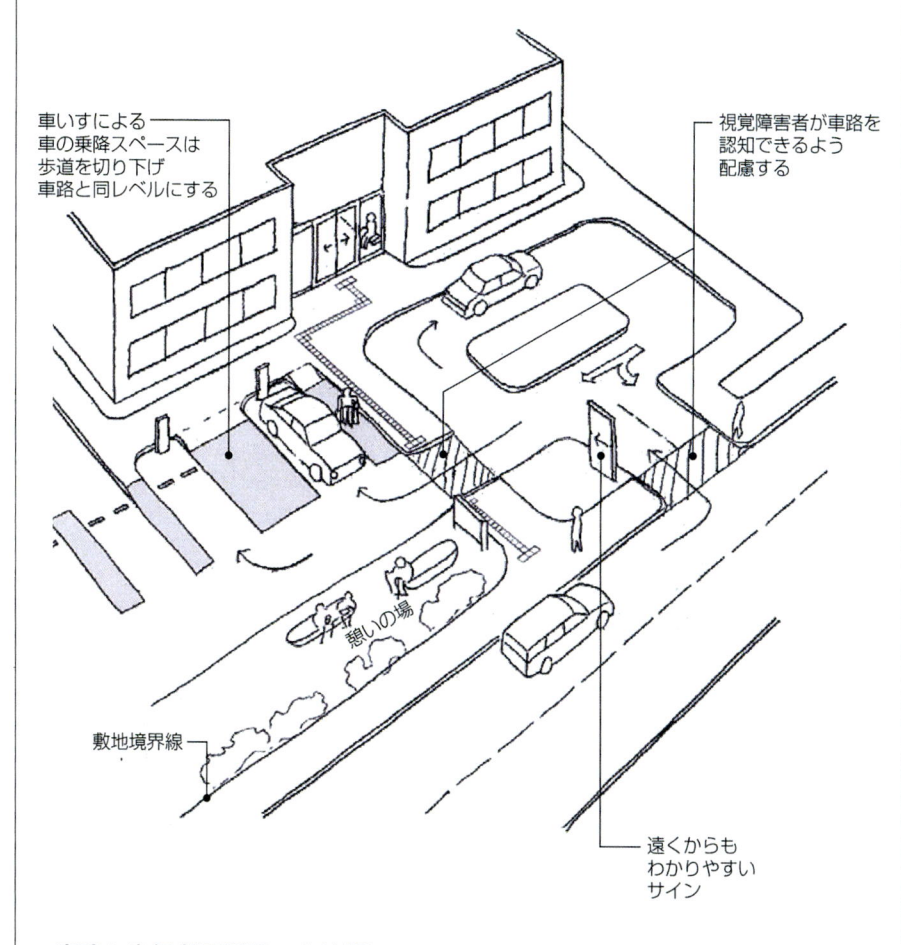

- 車いすによる車の乗降スペースは歩道を切り下げ車路と同レベルにする
- 視覚障害者が車路を認知できるよう配慮する
- 敷地境界線
- 憩いの場
- 遠くからもわかりやすいサイン

車路と歩行者用通路の交差部について

①-1 歩行者用通路切下げの場合（車道仕上優先）
- 歩行者用道路
- 車路
- ハンプ
- 視覚障害者誘導用ブロック

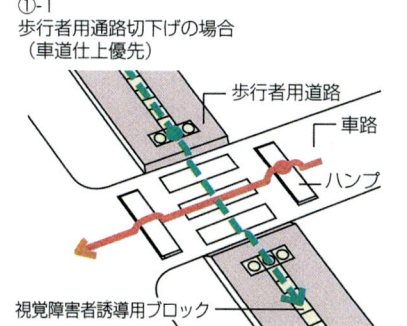

①-2 歩行者用通路切下げの場合（歩道仕上貫通）

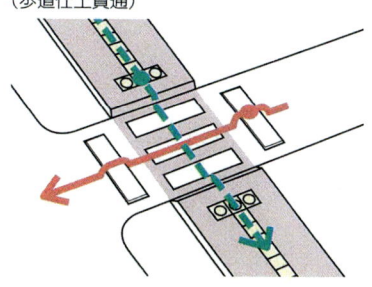

視覚障害者は、点状ブロック、レベル差で車路を察知。車への注意喚起はハンプ＋ライン引きで行う。（車への注意喚起強化のため歩道仕上を貫通する手法もある。）

②-1 歩行者用通路に段差を設けない場合（視覚障害者誘導ブロック敷設）

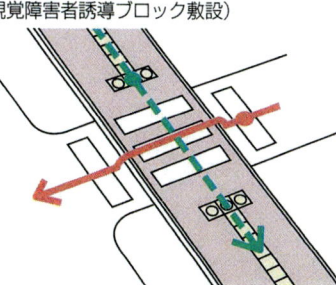

②-2 歩行者用通路に段差を設けない場合（視覚障害者誘導ブロック無し）

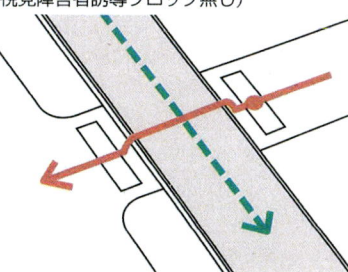

視覚障害者が段差が無いことから車路を察知出来ない。（注意喚起のため視覚障害者誘導用ブロック等を敷設する方法も考えられるが、車いすの通行等の支障となる。）段差がないことから歩行困難者や車いすが利用しやすい。車への注意喚起をレベル差＋仕上＋ラインを行う。車が必ず停止することが前堤となる。

実例

わかりやすい庁名サイン

車路を認識できる歩車道境界の段差

敷地入口に点状ブロックを敷設

歩車道の段差を小さくし、徐行をうながすハンプ

車路に優先して段差のない歩行者用通路

設計のUDポイント	参考法令等	個々のニーズへの対応
周辺案内の設置 ・出入口付近に駅の方向などを表示した周辺案内を設置する		
② 歩行者用通路		
歩行者優先 ・歩行者が玄関等まで遠回りしなくてすむ動線計画とする ・ハンプの設置等により、自動車の徐行及び停止を促し、歩行者が安心して通行できるよう配慮する	□ 2.1.1.④ 高齢者・障害者等用の主要な通路を別に設ける場合は、できる限り他の利用者と著しく異なる経路とならないよう留意する。	
歩車分離 ・歩行者用通路と車路は手すりや縁石などにより明確に分離する		**視覚・聴覚** ●自動車等の接近が分かりにくい ―歩行者用通路と車路は明確に分離するやむを得ず、歩行者通路と車路が交差する場合には、十分な見通し、車路を認知できる路面構造の確保に加え、後方から接近する自動車の確認等のための鏡、音声・音響及び視覚情報により駐車場からの自動車の出庫を知らせる警報装置等の設置を考慮する
見通しの確保 ・目的の場所までの経路、自動車の接近等がわかりやすいように見通しを確保する		
幅員の確保 ・ゆとりある幅員を確保する	○政令18.2.七.イ　幅は、120cm以上とすること。 ロ　50m以内ごとに車いすの転回に支障がない場所を設けること。 ○基準11.1.一　段がある部分及び傾斜路を除き、幅は、180cm以上とすること。	
平坦さの確保 ・平坦さを確保し、できるかぎり段差を設けない ・車路に対する歩行者用通路の高さを工夫すること、歩行者用通路を大きく切り下げず車路のレベルを上げることなどにより、歩行者用通路をできるだけ平坦な計画とする ※歩行者用通路と車路との取り合いについては、社会環境、科学的知見の充実をふまえ、検討することが必要である	□ 2.1.1.③ 通路面には段を設けない。(略) ☆バリアフリー法新法第10条第1項の規定に基づく、「移動等円滑化のために必要な道路の構造に関する基準」(第9条)：横断歩道に接続する歩道等の部分の縁端は、当該車道等の部分より高くするものとし、その段差は2cmを標準とするものとする。	**歩行困難・車いす** ●小さな段差、視覚障害者用誘導ブロック等は、つまずきの原因、通行の支障 ―段差の視認性を確保する ―歩道幅を確保する ―視覚障害者用誘導ブロック等の設置位置を工夫する
路面仕上げの工夫 ・雨にぬれても滑りにくく、平坦な仕上げとする ・歩きやすさ、車いすの走行性等を考慮した仕上げとする ・水たまりができにくい透水性のある仕上げ材を考慮する	○政令16.一　表面は、粗面とし、又は滑りにくい材料で仕上げること。(基準11.1.2も同様) □ 2.1.(3) 仕上げ　留意点：仕上げと施工：車いすでは移動が困難となる砂利敷きや石畳の採用を避ける必要がある。やむをえずそのような通路を設ける場合は迂回路を設ける。また、レンガあるいはタイル敷き等は路盤の沈下による不陸や目地の凹凸を生じないよう施工や管理を行う。 ・仕上げの材料の目地幅は、できる限り小さくし、車いす使用者や視覚障害者の通行しやすさに配慮する。	**歩行困難・車いす** ●砂利敷きや石畳等では走行、歩行が困難 ―砂利敷き、石畳等の仕上げは避ける タイル等目地のある仕上げを用いる場合は、目地を浅く、幅を小さくする

| 設計のUDポイント　解説 | 実　例 |

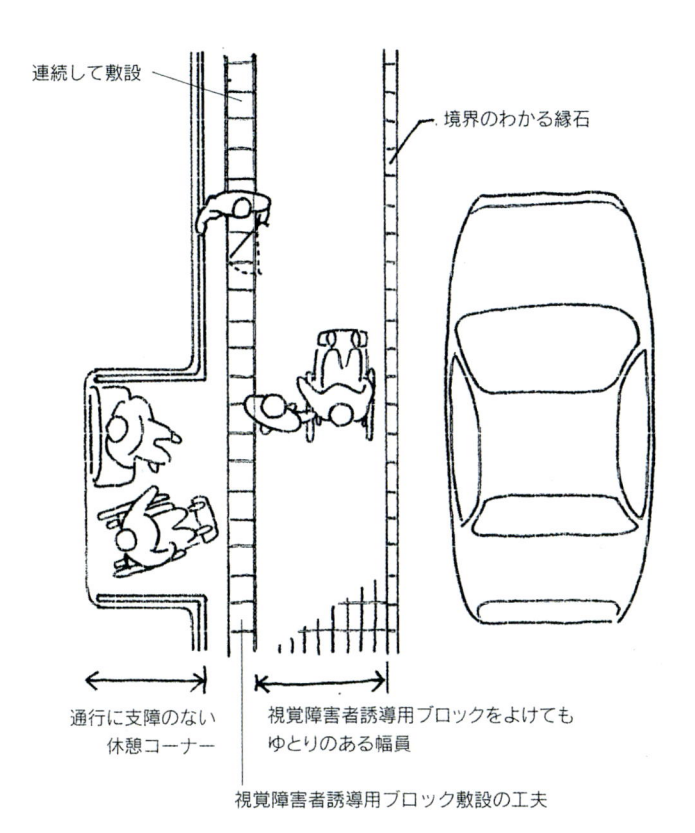

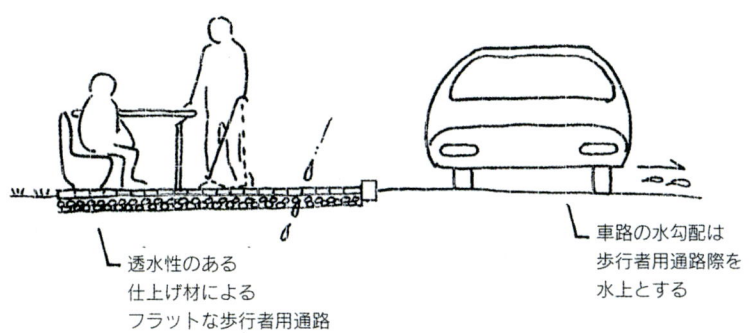

- 連続して敷設
- 境界のわかる縁石
- 通行に支障のない休憩コーナー
- 視覚障害者誘導用ブロックをよけてもゆとりのある幅員
- 視覚障害者誘導用ブロック敷設の工夫
- 透水性のある仕上げ材によるフラットな歩行者用通路
- 車路の水勾配は歩行者用通路際を水上とする
- 連続して敷設

手すりのある歩行者用通路

誘導用ブロックを敷設したゆとりある歩行者用通路

設計のUDポイント	参考法令等	個々のニーズへの対応
車路を認知できる構造 ・歩行者の経路が車路を横断する部分の歩行者用通路の縁端は、視覚障害者が車路を認知できる構造とする ※歩行者用通路と車路との取り合いについては、社会環境、科学的知見をふまえ、検討することが必要である ・歩行者の経路が車路に近接する部分には、注意喚起のための点状ブロック等を敷設する	☆バリアフリー法新法第10条第1項の規定に基づく、「移動等円滑化のために必要な道路の構造に関する基準」（第9条）：横断歩道に接続する歩道等の部分の縁端は、当該車道等の部分より高くするものとし、その段差は2cmを標準とするものとする。	**視覚** ●段差や切り下げを指標に歩行 ―歩行者の経路が車路を横断する部分の歩行者用通路の縁端は、車路から高さ2cmを標準とする ―歩行者用通路と車路の路面仕上げを明確に変え、感触の違いによる情報提供にも考慮する
視覚障害者誘導用ブロック等の敷設 ・敷地出入口、歩行者の経路が車路に近接する部分、段差部等に、注意喚起のための点状ブロック等を敷設する ・敷地出入口から受付等まで誘導するよう視覚障害者誘導用ブロック等を敷設する ・視覚障害者誘導用ブロック等は、周囲の床面との色の明度、色相又は彩度の差を考慮し、容易に識別できるものとする。 ・歩行困難者などの支障とならないよう設置位置を工夫する	○政令21.2.― 当該視覚障害者移動等円滑化経路に、視覚障害者の誘導を行うために、線状ブロック等（略）及び点状ブロック等を適切に組み合わせて敷設（略） ○基準16 道等から当該案内設備（略）までの主たる経路（略）を、視覚障害者移動等円滑化経路にしなければならない。（略） □2.1.1.⑦ 視覚障害者に配慮し、敷地境界から建物の出入口又は案内設備等まで視覚障害者誘導用ブロック等の敷設等による誘導を行う。	
適切な照明 ・適切に照明を配置し、夜間などでも十分な明るさを確保する	□2.1.1.(6) 照明：誰にでも認知できる明るさを確保することが望ましい。 □2.1.1.(6) 照明 留意点：照明：夜間における弱視者の歩行に配慮し、適切な照明計画やわかりやすい動線計画等で敷地内の通路を整備する。 ・建物名称表示等は、夜間でもわかりやすいよう照明等に配慮する。	

設計のUDポイント 解説	実 例
設計のUDポイント 解説	実 例

設計のUDポイント	参考法令等	個々のニーズへの対応
③ 階段・スロープ		
階段とスロープの併設 ・段差を生じさせない計画とし、やむを得ず段差が生じる場合は最小限の段差とするよう配慮し、階段とスロープを併設する ・ただし、段差が小さい場合、勾配が1／20以下の場合は、階段を設けず、スロープのみでも可とする	○基準11.1.五　段を設ける場合には、段に代わり、又はこれに併設する傾斜路又はエレベーターその他の昇降機を設けなければならない。	
勾配・幅員に関する配慮 ・緩やかな勾配でゆとりのある幅員とする	＜階段＞ ○基準11.1.四.イ　幅は、140㎝以上とすること。（略） 　ロ　けあげの寸法は、16㎝以下とすること。 　ハ　踏面の寸法は、30㎝以上とすること。 □2.5.1.(2)　寸法　留意点：蹴上げ、踏み面の寸法・蹴上げ、踏み面は次の計算式を満たす寸法とすることが望ましい。 550㎜≦T+2R≦650㎜ (T:踏み面、R:蹴上げ) ＜スロープ＞ ○基準11.1.六.イ　幅は、段に代わるものにあっては150㎝以上、段に併設するものにあっては120㎝以上とすること。 　ロ　勾配は、1/15を超えないこと。 　ハ　高さが75㎝を超えるもの（勾配が1/20を超えるものに限る。）にあっては、高さ75㎝以内ごとに踏幅が150㎝以上の踊場を設けること。 □2.1.2.(2).②ロ　傾斜路の有効幅員・車いす使用者等の円滑な移動を考慮すると180㎝（平行して階段が設けられている場合は、120㎝）以上が望ましい。	
手すり、立ち上がりの設置 ・踊り場も含めて両側に連続した手すりを設置することとし、不特定かつ多数が使用する階段、スロープについては手すりを2段とする。ただし、勾配が1／20以下の場合については、手すりを設置しなくても可とする ・手すりの表面材質は、寒暖による温度変化など触感に配慮する ・手すりは、周囲と区別できる色彩とする ・手すりの始終点部に、十分な水平部分を設置する ・階段の幅員が大きい場合は、中間に両側から使用可能な手すりを設置する ・手すり子形式の場合は、脱輪防止等のため側端に立ち上がりを設ける	＜階段＞ ○基準11.1.六.ニ　高さが16㎝を超え、かつ、勾配が1/20を超える傾斜がある部分には、両側に手すりを設けること。 □2.5.1.(3).②　手すり：手すりは両側に連続して設けることが望ましい。踊場にも連続させ、途中で途切れないようにすることが望ましい。 ・幅員が3mを超える場合　には、中央にも設置する。（階段の高さが1m以下の場合はこの限りではない。） ・階段の上端では45㎝以上（略）、下端では（略）段鼻から45㎝以上手すりを延長することが望ましい。 □2.5.1.(3).③　立上り：側面を手すり子形式とする場合は、杖が転落しないように、階段の側桁又は地覆を5㎝以上立上げることが望ましい。 ＜スロープ＞ ○基準11.1.六.ニ　高さが16㎝を超え、かつ、勾配が1/20を超える傾斜があ部分には、両側に手すりを設けること。 □2.1.2.(3).①　手すり：傾斜路の上端・下端では45㎝以上水平に延長（略）することが望ましい。 □2.1.2.(3).②　立上り：側壁がない側には、杖等による危険の認知、車いすのキャスタ等の脱輪防止等のため、傾斜路側端に5㎝以上の立上りを設けることが望ましい。	▼手すりは手で直接触れるものなので、汚れ、破損がないかこまめに点検し、清掃、補修を行う

設計のUDポイント 解説	実 例

やむを得ず階段とスロープを併設する場合（既存施設の改修事例）

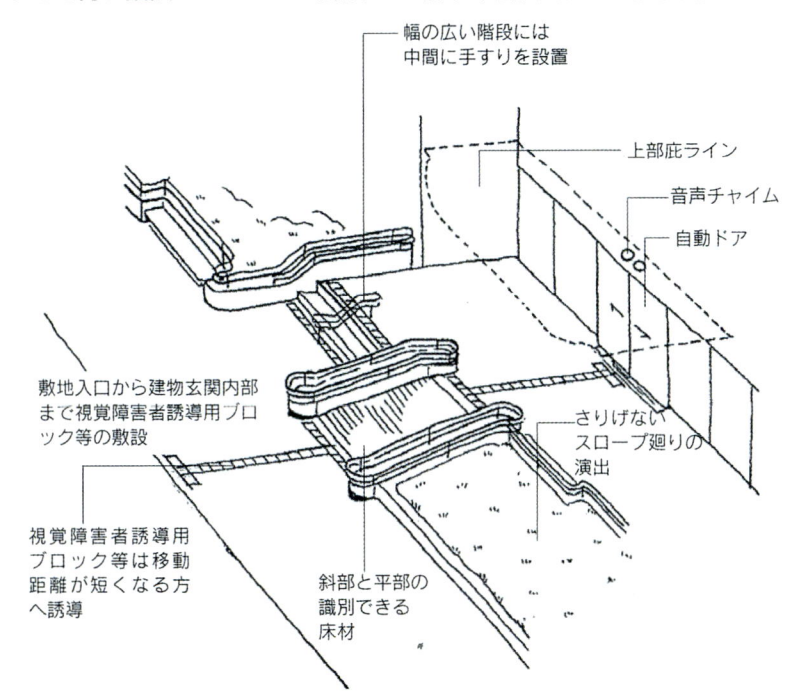

- 幅の広い階段には中間に手すりを設置
- 上部庇ライン
- 音声チャイム
- 自動ドア
- 敷地入口から建物玄関内部まで視覚障害者誘導用ブロック等の敷設
- さりげないスロープ廻りの演出
- 視覚障害者誘導用ブロック等は移動距離が短くなる方へ誘導
- 斜部と平部の識別できる床材

スロープを通行する歩行者（イメージ図）

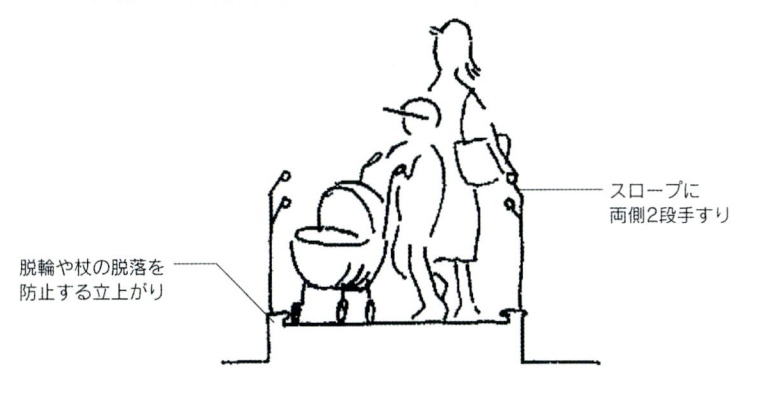

- スロープに両側2段手すり
- 脱輪や杖の脱落を防止する立上がり

実例：
- 2段手すりのあるスロープ（積雪地は融雪設備を設ける）
- 敷地内通路を、階段とスロープで段差処理
- 脱輪や杖の脱落防止の立ち上がりと2段の手すり

設計のUDポイント	参考法令等	個々のニーズへの対応
床面仕上げの工夫 ・雨に濡れても滑りにくい仕上げとする ・スロープについては、車いすの走行性に配慮した平坦な仕上げとする	○政令16.一　表面は、粗面とし、又は滑りにくい材料で仕上げること。 （基準11.1.二も同様）	
床面等の色彩の対比 ・階段は、段鼻、蹴込み面、踏面の色彩、材質の対比に配慮する ・スロープは、傾斜部と平担部が区別できるように床面の色彩、材質の対比などを工夫する	<階段> ○政令16.二.ロ　踏面の端部とその周囲の部分との色の明度、色相又は彩度の差が大きいことにより段を容易に識別できるものとすること。（基準11.1.四.ホも同様） <スロープ> ○政令16.三.ロ　その前後の通路との色の明度、色相又は彩度の差が大きいことによりその存在を容易に識別できるものとすること。（基準11.1.六.ホも同様）	
階段の蹴込み等の形状の配慮 ・段鼻は突き出さない形状とし、足のつま先の引っかかりの原因となる蹴込みを設けない	○政令16.二.ハ　段鼻の突き出しその他のつまずきの原因となるものを設けない構造とすること。（基準11.1.四.へも同様） □2.5.1.(2).②　蹴上げ・踏み面・蹴込み：各寸法は、以下のような緩勾配にすることが望ましく、同一の階段においては同一寸法を原則とする。 　イ　蹴上げ16cm以下 　ロ　踏み面30cm以上 　ハ　蹴込み2cm以下	
スロープ前後のスペース確保 ・スロープの前後には十分な広さの踊場を確保する ・スロープと交差して他の通路を設置しない。やむを得ず設置する場合は、踊場の広さに留意する	○基準11.1.六.ハ　高さが75cmを超えるもの（略）にあっては、高さ75cm以内ごとに踏幅が150cm以上の踊場を設けること。	
視覚障害者誘導用ブロック等の敷設 ・階段、スロープの上部に点状ブロック等を敷設する。視覚障害者の誘導経路となっている場合については下部にも敷設するなど、階段、スロープの設置状況、誘導経路等を考慮し、適宜下部にも敷設する ・階段とスロープを併設する場合、視覚障害者誘導用ブロック等は、移動距離が短くなる方に誘導するよう敷設するなお、階段とスロープを平行して設置する場合など、移動距離がほぼ同等となる場合は、スロープに誘導する	○政令21.2.二　当該視覚障害者移動等円滑化経路を構成する敷地内の通路の次に掲げる部分には、視覚障害者に対し警告を行うために、点状ブロック等を敷設すること。 　イ（略） 　ロ　段がある部分又は傾斜がある部分の上端に近接する部分（略）	

設計のUDポイント　解説	実　例
	階段、スロープの上部、下部に点状ブロックを敷設

設計のUDポイント	参考法令等	個々のニーズへの対応
④ 自転車路・駐輪場		
歩行者用通路との分離 ・できるだけ自転車と歩行者の動線を分離する ・自転車用通路は、ペイント等で位置・範囲を明確に表示する		**聴覚・高齢** ●自転車の警告音が聞こえにくいことに配慮 ―動線を分離する ▼駐輪された自転車により通路幅員が狭隘とならないよう管理する
駐輪場の位置、スペースへの配慮 ・敷地出入口から建物玄関までの経路が遠回りにならず、わかりやすい位置に設置する ・歩行者の通行の妨げにならない配置、広さとする ・駐輪場の位置、範囲は、ペイント等で明確に表示する		
⑤ 車路		
歩行者の安全性への配慮 ・わかりやすい経路とする ・車寄せ、駐車場、車いす用駐車スペース等への案内等、サインをわかりやすく表示する等への配慮 ・ハンプを設置するなど、徐行規制を行う ・歩行者用通路と車路は、できるだけ交差させない。やむを得ず、歩行者の経路が車路を横断する場合については、ハンプを設置する、横断歩道及び一時停止ラインを標示する等により、自動車が徐行及び停止するよう配慮する ・サインや植栽は、見通しの確保の障害とならないように配慮する		**視覚・聴覚** ●自動車等の接近が分かりにくい歩行者用通路と車路は明確に分離する やむを得ず歩行者用通路と車路が交差する場合には、十分な見通し、車路を認知できる路面構造の確保に加え、後方確認のための鏡、音声・音響及び視覚情報により駐車場からの自動車の出庫を知らせる警報装置等の設置を考慮する ▼植栽の成長により視線が遮られないよう管理する
駐車場・車寄せへの移動経路に関する配慮 ・わかりやすい経路とする ・車寄せ、駐車場、車いす用駐車スペース等への案内等、サインをわかりやすく表示する		

設計のUDポイント　解説	実　例
	歩行者用通路にはみ出さない駐輪場 歩行者の通行の妨げにならない配置と広さ
	車いす使用者用駐車スペースへの誘導サイン
	駐車場の出入口の警報装置

設計のUDポイント	参考法令等	個々のニーズへの対応
⑥ 駐車場		
車いす使用者用駐車スペースの設置 ・建物の出入口に近い場所に設置する ・建物地階やピロティなど、駐車スペースから建物玄関まで、雨に濡れずに利用できる場所が望ましい。 　建物外部に設置する場合は、駐車スペースから建物の出入口までの経路にひさしを設置するなど配慮する ・車いす使用者用駐車スペースは1台以上、かつ、利用状況を考慮した適切な台数を設置する ・職員に車いす使用者がいる場合は、来庁者用と別にその専用スペースを確保する	○政令17.2.二　次条第一項第三号に定める経路（建築物又はその敷地に車いす使用者用駐車施設を設ける場合当該車いす使用者用駐車施設から利用居室までの経路）の長さができるだけ短くなる位置に設けること。 □2.2.1.①　建築物の出入口に最も到達しやすい位置に、車いす使用者等（略）が利用しやすい駐車施設を設ける。 ○政令17.1　不特定かつ多数の者が利用し、又は主として高齢者、障害者等が利用する駐車場を設ける場合には、そのうち1以上に、車いす使用者が円滑に利用することができる駐車施設（以下「車いす使用者用駐車施設」という。）を1以上設けなければならない。 ○基準12　多数の者が利用する駐車場には、当該駐車場の全駐車台数が200以下の場合にあっては当該駐車台数に1/50を乗じて得た数以上、全駐車台数が200を超える場合にあっては当該駐車台数に1/100を乗じて得た数に2を加えた数以上の車いす使用者用駐車施設を設けなければならない。	**歩行困難・妊婦** ●車いす使用者以外の歩行困難者、妊婦等は、通常の駐車スペースでは乗降が困難 ー車いす使用者用駐車スペースのほかに、一般用よりやや広めの駐車スペースの設置に配慮する。設置場所等は車いす使用者用駐車スペースに準じる。また、優先する対象をわかりやすく表示する。 ▼車いす使用者用駐車スペースは、車いす使用者が常に駐車できるように管理する
車いす使用者用駐車スペースの標識の設置 ・車いす使用者用駐車スペースであることが誰にでも分かるように、見やすい位置にサインでその旨を表示する	○政令19　移動等円滑化の措置がとられた（略）駐車施設の付近には、国土交通省令で定めるところにより、（略）駐車施設があることを表示する標識を設けなければならない。 □2.2.1.(5).①　車いす使用者用である旨の表示：車いす使用者用駐車施設には、標識や表面への国際シンボルマークの塗装等により、見やすい方法で車いす使用者用である旨を明示した表示をする。	
広さ・形状等の配慮 ・安全かつ十分な乗降スペースを確保する ・左右どちらからでも乗降できるよう、複数の車いす使用者用駐車スペースを設置する場合は連続して配置するなど配慮する ・従来型の機械式は望ましくない	○政令17.2.一　幅は、350cm以上とすること。 □2.2.1.(3)　留意点：車いす使用者乗降用スペース：車いす使用者の乗降用スペースは左右両方に設けることがより望ましい。（略）隣接して複数設けると左右どちらからでも乗降できるようになる。	
駐車場付近の乗降スペース設置の配慮 ・駐車場が車寄せから離れた場所に設置されている場合等については、駐車場付近に安全に乗降できる車寄せを確保することを考慮する		
駐車場から建物出入口までの経路 ・駐車場から建物出入口まで遠回りとならない配置、動線計画とする ・車から降りた歩行者と自動車との動線はできるだけ交差させない ・歩行者用通路と駐車場部分は手すりや縁石などにより明確に分離する ・ゆとりある幅員を確保する ・車いす使用者用駐車スペースから建物玄関まで屋根の設置などに配慮する	□2.2.1.③　駐車施設から建築物の出入口までは、高齢者・障害者等が安全に通行できる通路を設ける。 □2.2.1.④　車いす使用者用駐車施設及び通路には、雨天時の乗降に配慮して、屋根を設ける	

設計のUDポイント　解説	実　例
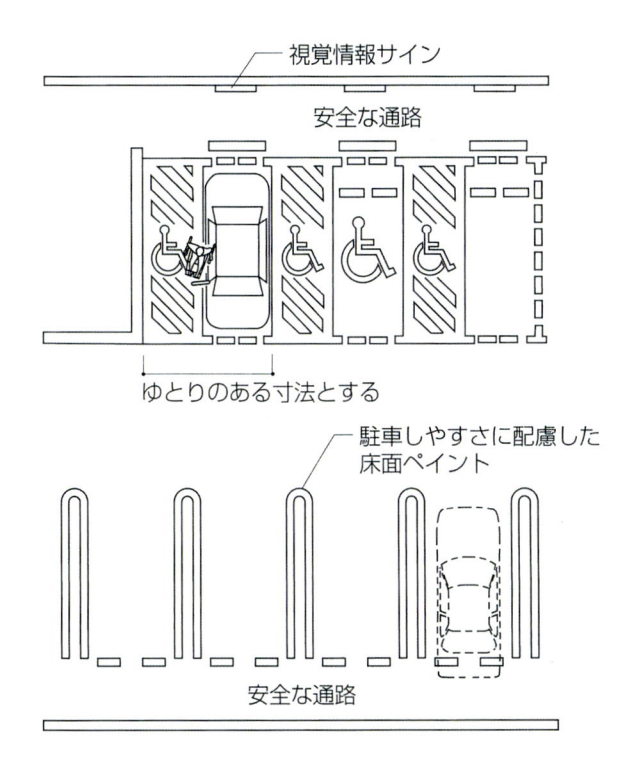 視覚情報サイン 安全な通路 ゆとりのある寸法とする 駐車しやすさに配慮した床面ペイント 安全な通路 **立札による表示例** 駐車場 車いす使用者用駐車スペース 出典● 2-27	玄関から近い車いす使用者用駐車スペース 車いす使用者用駐車スペースをわかりやすく表示 車いす使用者用駐車スペースを隣接して複数もうけ、乗り降りを左右両方に設置する 屋根があり快適に使える車いす使用者用駐車スペース 車いす使用者用駐車スペースから建物まで連続した屋根を設置した例

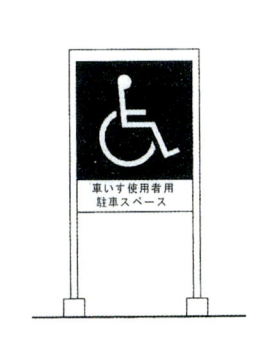

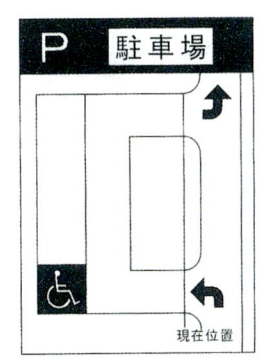

設計のUDポイント	参考法令等	個々のニーズへの対応
地下等の屋内駐車場における配慮 ・地下、立体駐車場等に車いす使用者用駐車スペースを設ける場合は、エレベーターホール等の入口付近に設ける・エレベーターホール等の入り口付近への安全に乗降できる車寄せの設置に配慮する ・十分な明るさを確保する照明計画とする	□2.2.1.(1) 留意点：設置位置：屋内駐車場の場合、車いす使用者用駐車施設は、エレベーターホールの入口付近に設ける。また、車いす使用者用駐車施設の他に、安全に乗降できるように、車寄せを設けることが望ましい。	**すべて** ●柱による死角の発生、構造的な制約により、安全な歩行者用通路の確保が困難な場合がある ―歩行者用通路の配置にあたり十分留意する
⑦ 車寄せ		
庇の大きさ・高さの確保 ・雨や雪に濡れずにゆとりを持って行動できるように、十分な大きさの庇を設置する ・施設の用途、利用状況等に応じて、車高の高いマイクロバス等を考慮し、十分な高さを確保する	□2.3.1.(3).① 屋根、庇：建築物の出入口には、（略）、屋根又は庇を設けることが望ましい。 □2.2.1.(1) 配置：リフト付バス等の、車いす使用者送迎用の自動車の利用も想定した乗降スペースを確保することが望ましい。	
停車スペースの確保 ・ゆとりを持って乗降できるように、利用状況に応じた十分な停車スペースを確保する		
待合スペースの確保 ・送迎の自動車を待つためのスペースを考慮する		
視覚障害者誘導用ブロック等の敷設 ・建物玄関の位置がわかるように、視覚障害者誘導用ブロック等や音声・音響誘導装置を設置する		**視覚** ●建物玄関の位置を見つけるのが困難 ―視覚障害者誘導用ブロック等を敷設する ―音声・音響誘導装置を設置する
⑧ 憩いの場		
配置の工夫 ・敷地出入口付近や敷地内経路などに、ベンチやテーブルを設置し、木陰をつくるなどしたオープンスペースを配置する		▼閉庁時の利用について配慮する

設計のUDポイント　解説	実　例

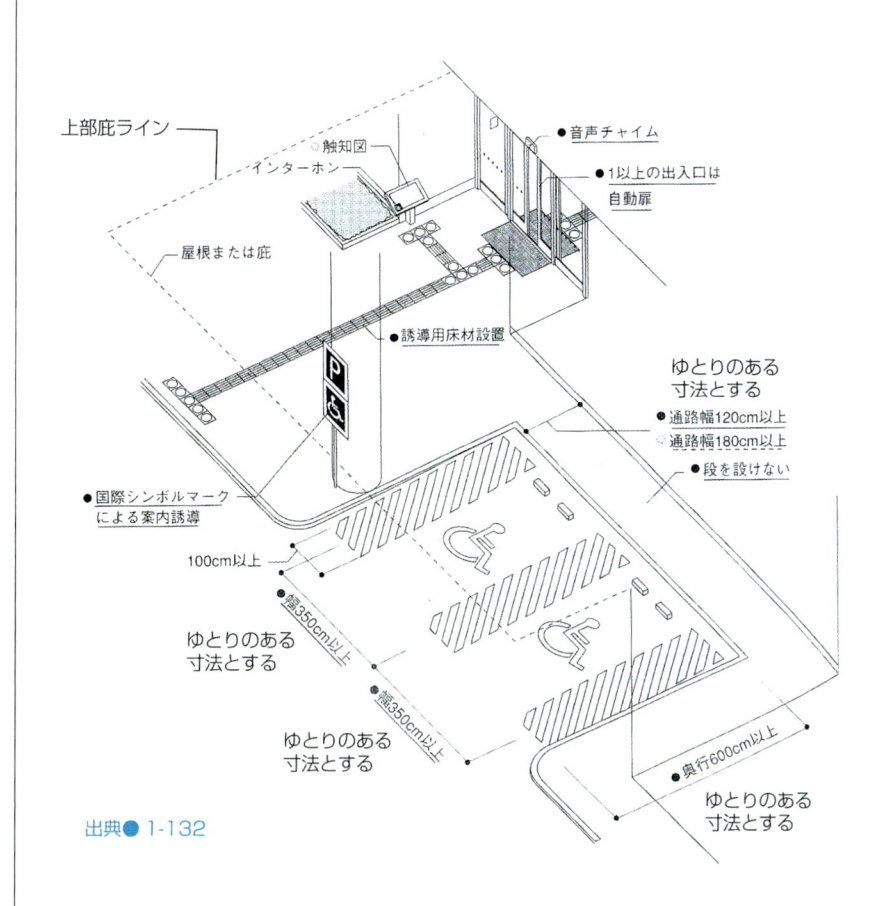

図中ラベル：
- 上部庇ライン
- 触知図
- インターホン
- 屋根または庇
- 音声チャイム
- 1以上の出入口は自動扉
- 誘導用床材設置
- ゆとりのある寸法とする
  - 通路幅120cm以上
  - 通路幅180cm以上
  - 段を設けない
- 国際シンボルマークによる案内誘導
- 100cm以上
- 幅350cm以上
- ゆとりのある寸法とする
- 奥行600cm以上
- ゆとりのある寸法とする

出典● 1-132

実例キャプション：
- 車の入るゆとりある庇
- バスの待合スペースの設置 
- 休憩スペース 
- 車いす使用者も草花に触れることのできる花壇

設計のUDポイント	参考法令等	個々のニーズへの対応
⑨ その他		
排水溝・溝蓋の配慮 ・溝蓋グレーチング等の溝幅は、車いすのキャスターや白杖が落ち込まない幅とし、かつ、ノンスリップのものを選定する	□2.1.1.(3).③　溝蓋：(略)排水溝等の蓋は、通路面との段差をなくし、蓋のスリット等は杖先や車いすのキャスター等が落ちない2cm以下のものとすることが望ましい。	
積雪への配慮 ・通行部には融雪装置を設置する ・雪の堆積スペースを確保し、通行のための有効幅を確保する	□2.1.1.⑧　(略)積雪寒冷地においては、凍結が生じないよう、必要に応じ、融雪ヒーター等を設ける。 (5) 寒冷地対策：寒冷地では(略)融雪装置や上屋の設置による対応が望ましい。	
身体障害者補助犬への配慮 ・身体障害者補助犬のための排泄スペースを設け、わかりやすくサインを表示		▼補助犬同伴者に対して、適宜補助犬用排泄スペースを設置していること、その位置等について案内を行う ▼補助犬用排泄スペース等について、適切に清掃等の管理を行う

| 設計のUDポイント　解説 | 実　例 |

歩道（幅員）
積雪時における歩道の安全かつ円滑な通行を確保するために
車道：車道除雪の堆雪帯を確保する
歩道の有効幅員（1m）を確保する

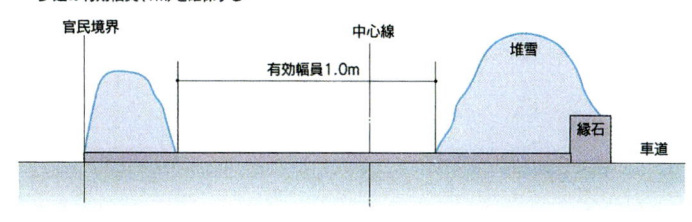

（図：官民境界―有効幅員1.0m―中心線―堆雪―縁石―車道）

歩道（点字ブロック）
積雪時における歩道の安全かつ円滑な通行を確保するために
冬季でも点字ブロックが利用できるものとする

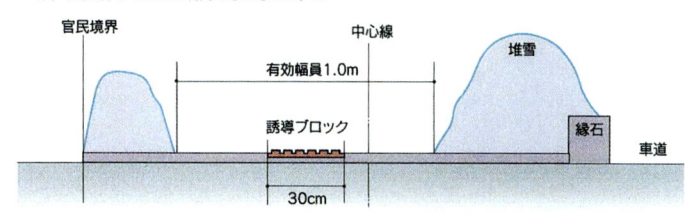

（図：官民境界―有効幅員1.0m―中心線―堆雪―縁石―車道、誘導ブロック 30cm）

出典● 5

段差のないアプローチと杖先や車いすのキャスター等が落ちないように考慮したグレーチング

身体障害者補助犬の排泄スペースの標示

(1)-2　移動空間（建築物内部）

基本原則（設計のポイント）

1　わかりやすい空間構成
- 簡潔で合理的な、連続性のある移動経路とする
- 玄関ホールなどの主な地点で、目的地等が把握できるように見通しを確保する

2　円滑な水平移動の確保
- 同一フロアでは段差を設けない
  やむを得ず段差が生じる場合は、階段とスロープを併設する
- 滑りにくく、平坦な床仕上げとする
- 出入口は、容易に開閉できて通過できるものとする
- 使いやすい手すりを設置する

3　円滑な垂直移動手段の確保
- フロア間の移動手段として、原則としてエレベーターを設置する
- 階段、エレベーターは、自由に選択できるように近接して設置する
- 階段については、安全性、上り下りのしやすさを考慮する
- エレベーターは、様々なニーズを考慮し、適切な仕様とする
- エレベーターについては、乗降時の安全性、十分なスペースの確保、操作のしやすさ等に配慮する
- エスカレーターは、エレベーターだけでは輸送能力が不足する場合等において設置を考慮する

4　ゆとりの空間確保
- 移動や行動がしやすいように、ゆとりを持って空間を確保する

設計のUDポイント　項目

① 玄関廻り・建築物出入口
② 玄関ホール
③ 受付・案内設備
④ 廊下
⑤ スロープ
⑥ 階段
⑦ エレベーター
⑧ エスカレーター
⑨ 各室出入口

凡例

参考法令等

○：バリアフリー新法
　（政令：施行令、基準：建築物移動等円滑化誘導基準）
□：高齢者・身体障害者等の利用を配慮した建築設計標準
　＜講習会テキスト＞
☆：その他

個々のニーズへの対応

●：特に留意すべき事項
　－（解決方法の例）
▼：管理運営上の配慮

設計のUDポイント	参考法令等	個々のニーズへの対応
① 玄関廻り・建築物出入口		
床面の連続性 ・原則として建物の外部から内部まで連続して平坦とする ・靴拭きマットを設置する場合は、床と同一面におさめるように落とし込みとするなど配慮する	○政令 18.2.二.ロ 戸を設ける場合には、自動的に開閉する構造その他の車いす使用者が容易に開閉して通過できる構造とし、かつ、その前後に高低差がないこと。 □ 2.3.1.(3).⑤ 玄関マット：玄関マットは、埋め込み式とし、車いすで動きにくいはけ状のものは使用しないことが望ましい。また、杖先を引っかけたりしないよう、しっかりと端部を固定するとともに、視覚障害者用ブロック等との取り合いに配慮することが望ましい。	
床面仕上げに関する配慮 ・滑りにくい仕上げとし、傘等からの水滴が床面に溜まらないように配慮する	□ 2.3.1.(4).① 床の材料：風除室内外の建物の出入口周辺の床面は、濡れても滑りにくい材質で仕上げる。	
扉に関する配慮 ・玄関その他主要な出入口は、十分な有効幅を確保し、自動扉（引き戸）とする ・ガラスは安全性の高いものを選択する・ガラス扉、ガラススクリーン等は、認識しやすいよう色や模様等をつける ・自動式開き戸、回転扉は望ましくない	○政令 18.2.二.イ 幅は、80cm以上とすること。 ロ 戸を設ける場合には、自動的に開閉する構造その他の車いす使用者が容易に開閉して通過できる構造とし、かつ、その前後に高低差がないこと。 ○基準 2.1 多数の者が利用する出入口（略）は、次に掲げるものでなければならない。 一 幅は、90cm以上とすること。 二 戸を設ける場合には、自動的に開閉する構造その他の車いす使用者が容易に開閉して通過できる構造とし、かつ、その前後に高低差がないこと。 ○基準 2.2 多数の者が利用する直接地上へ通ずる出入口のうち1以上のものは、次に掲げるものでなければならない。 一 幅は、120cm以上とすること。 二 戸を設ける場合には、自動的に開閉する構造とし、かつ、その前後に高低差がないこと。 ☆「『ガラスを用いた開口部の安全設計指針』について」（S61.5.31 付け建設省住指発第116号他）	
風除室に関する配慮 ・風除室は、ゆとりあるスペースとし、方向転換をしない計画とする。ただし、やむを得ず方向転換する場合は、視覚障害者誘導用ブロック等を適宜設置する	□ 2.3.1.⑨ 風除室にあっては、視覚障害者誘導用ブロック等の敷設は要しない。 □ 2.3.1.(3).⑥ 風除室：風除室内では、方向転換するような設計は避けることが望ましい。方向転換する場合は、視覚障害者誘導用ブロック等により誘導する。	▼通路、風除室内には障害物となる可能性のあるものを置かない

設計のUDポイント　解説	実　例

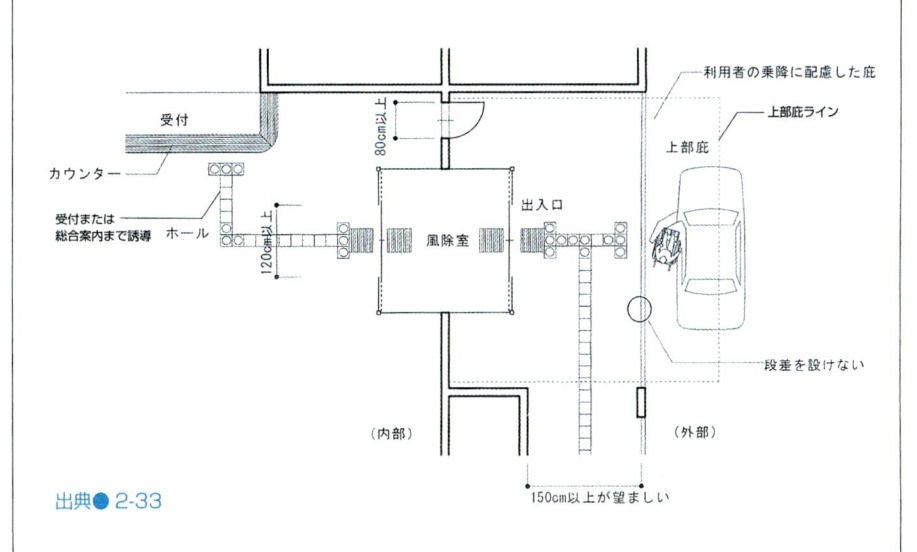

図中ラベル:
- 受付
- カウンター
- 受付または総合案内まで誘導
- ホール
- 80cm以上
- 120cm以上
- 風除室
- 出入口
- 利用者の乗降に配慮した庇
- 上部庇ライン
- 上部庇
- 段差を設けない
- （内部）
- （外部）
- 150cm以上が望ましい

出典● 2-33

平たんな入口とすべり止め

ガラスの存在を知らせる目印

59

設計のUDポイント	参考法令等	個々のニーズへの対応
傘立て等設置スペースに関する配慮 ・傘立て等が通行の邪魔にならないよう設置スペースを確保する		
視覚障害者誘導用ブロック等の敷設 ・玄関の位置が分かるように建物の内外に視覚障害者誘導用ブロック等を敷設 ・玄関位置を知らせる音声・音響誘導装置の設置等を考慮する	○政令21.1　道等から第20条第二項の規定による設備又は同条第三項の規定による案内所までの経路（略）は、そのうち1以上を、視覚障害者が円滑に利用できる経路（以下「視覚障害者移動等円滑化経路」という。）にしなければならない。（略） ○政令21.2.一　当該視覚障害者移動等円滑化経路に、視覚障害者の誘導を行うために、線状ブロック等（略）及び点状ブロック等を適切に組み合わせて敷設し、又は音声その他の方法により視覚障害者を誘導する設備を設けること。（略）	**視覚** ●玄関の扉、傘立て等の位置がわからない ―視覚障害者誘導用ブロック等により誘導を行う ―玄関位置を知らせる音響誘導装置の設置等を考慮する **歩行困難・車いす** ●視覚障害者誘導用ブロック等は、つまずきの原因、通行の支障となる ―視覚障害者誘導用ブロック等を回避して通行できる十分なスペースを確保する ―視覚障害者誘導用ブロック等の設置位置を工夫する

② 玄関ホール

設計のUDポイント	参考法令等	個々のニーズへの対応
明解な空間構成 ・エレベーターや階段などが、玄関ホールから一目でわかるような明解な空間構成とする		**視覚** ●視覚障害者誘導用ブロック等を中心として誘導するが、十分な情報を伝達することはできない ―案内対応者のいる受付等に誘導する
視覚障害者誘導用ブロック等の敷設 ・案内対応者のいる受付等に誘導するよう敷設する	○政令21.1　道等から第20条第二項の規定による設備又は同条第三項の規定による案内所までの経路（略）は、そのうち1以上を、視覚障害者が円滑に利用できる経路（以下「視覚障害者移動等円滑化経路」という。）にしなければならない。（略） ○令21.2.一　当該視覚障害者移動等円滑化経路に、視覚障害者の誘導を行うために、線状ブロック等（略）及び点状ブロック等を適切に組み合わせて敷設し、又は音声その他の方法により視覚障害者を誘導する設備を設けること。（略）	

③受付・案内設備

設計のUDポイント	参考法令等	個々のニーズへの対応
位置に関する配慮 ・受付や総合案内板は、玄関から入ってすぐに分かる位置に設置する ・受付と総合案内板は、近接した位置に配置する ・総合案内板は、多機能トイレ等のトイレごとの機能情報も併せて表示する	○政令20.1　建築物又はその敷地には、当該建築物又はその敷地内の移動等円滑化の措置がとられたエレベーターその他の昇降機、便所又は駐車施設の配置を表示した案内板その他の設備を設けなければならない。（略） 2.（略）エレベーターその他の昇降機又は便所の配置を点字その他国土交通大臣が定める方法により視覚障害者に示すための設備を設けなければならない。 3.　案内所を設ける場合には、前二項の規定は適用しない。 □2.3.1.⑫　建築物の出入口付近に受付カウンターやインターホン等の案内設備を設ける。この場合、視覚障害者誘導用ブロック等や音声による誘導等により視覚障害者の受付カウンター、インターホン等の案内設備への誘導に配慮する。（略） ⑬　聴覚障害者等の利用に配慮して、建築物や施設の情報案内を適切に表示する。	**視覚** ●視覚的な案内・サイン等により情報を伝達することが困難―案内対応者のいる受付等に誘導する **聴覚** ●音声で情報を伝達することが困難 ―筆記や手話など対応可能な方法を表示する ▼視覚障害者には、人的な案内を行う ▼聴覚障害者には、筆記板等を用意して対応する ▼施設内の案内パンフレット等を用意する

設計のUDポイント　解説	実　例

複数の窓口官署が入居する合同庁舎のイメージ図

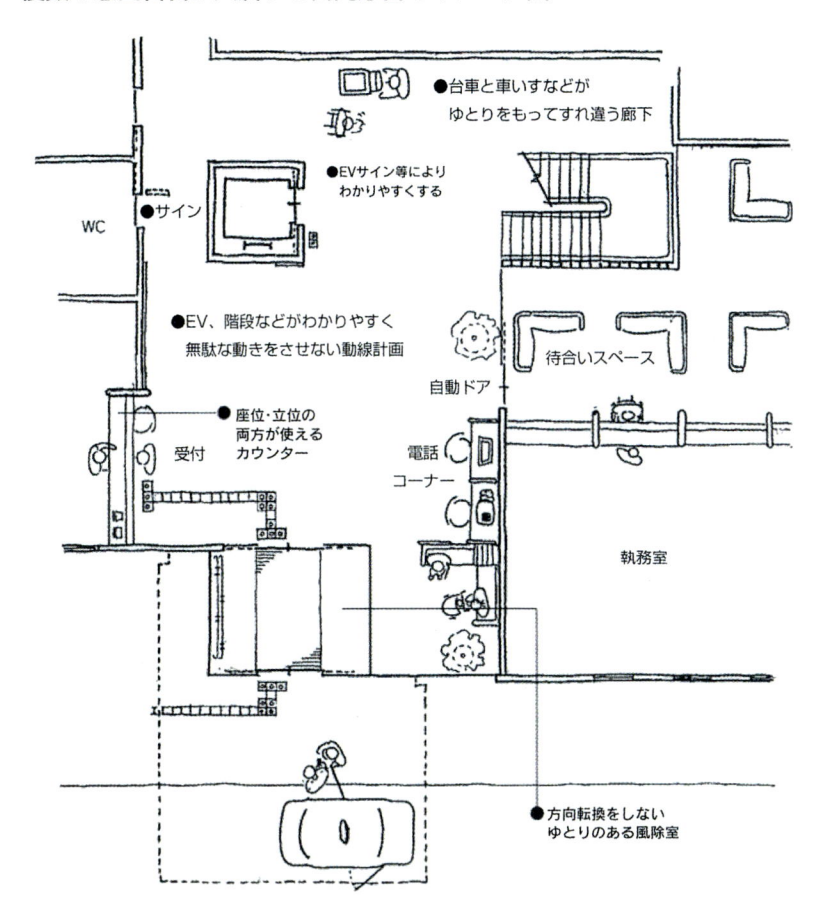

- ●台車と車いすなどがゆとりをもってすれ違う廊下
- ●EVサイン等によりわかりやすくする
- ●EV、階段などがわかりやすく無駄な動きをさせない動線計画
- ●座位・立位の両方が使えるカウンター
- ●方向転換をしないゆとりのある風除室

WC　●サイン　受付　自動ドア　待合いスペース　電話コーナー　執務室

見通しよくわかりやすい空間

受付等までの誘導ブロック

設計のUDポイント	参考法令等	個々のニーズへの対応
受付カウンターの高さ ・立位、座位（車いす使用者の利用を含む）のいずれの場合でも利用できるように計画する	□2.13C.1.(1) カウンター等：立位で使用するカウンター等は、身体の支えとなるよう床及び壁にカウンターを固定し、必要に応じ手すりを設けることが望ましい。また、車いす使用者用カウンター等を併せて設置することが望ましい。 □2.13C.1.(2) 車いす使用者用カウンターの寸法 ①高さ 　イ　下端寸法　60～65㎝程度 　ロ　上端寸法　70㎝程度 ②カウンター下部スペースの奥行き 　45㎝程度	
誘導・支援設備の設置 ・受付を設置しない場合等については、玄関付近のわかりやすい位置に呼び出し設備を設置する	□2.3.1.⑫　建築物の出入口付近に受付カウンターやインターホン等の案内設備を設ける。この場合、視覚障害者誘導用ブロック等や音声による誘導等により視覚障害者の受付カウンター、インターホン等の案内設備への誘導に配慮する。（略）	**聴覚** ●音声で情報を伝達することが困難 ―画像や文字情報により情報伝達が行えるようモニターの設置を考慮する
夜間受付に関する配慮 ・夜間でも明るくわかりやすい位置に設置する ・夜間受付までの経路は、十分な照度を確保し、わかりやすく誘導する ・特に昼間と経路が変わる場合は、昼夜の経路を間違えないよう、わかりやすく誘導する		
④ 廊下		
わかりやすい動線計画 ・容易に目的の場所まで到達できるように、わかりやすい動線計画とし、最小限の移動距離ですむよう計画する	□2.4.1.①　通路は、わかりやすく、通行しやすい形状とする。 □2.4.1.(1)　配置：主要な動線の通路は、わかりやすい経路、ゆとりある幅員、突出物のない壁等、誰にでも歩きやすい設計が望ましい。	**視覚** ●曲がり角が多かったり、様々な角度に曲がると、方向の認識が難しい ―廊下は直交を基本とする
適切な廊下幅の確保 ・台車と車いすなどがすれ違うことができる廊下幅を連続して確保する ・歩行する場合に支障となるような、壁面の凸部を設けない計画とする ・廊下側に開く扉がある場合には、通行者の障害とならない計画とする ・施設管理者と調整のうえ、通行の邪魔とならないように展示物等の設置スペースを確保する	○政令18.2.三　当該移動等円滑化経路を構成する廊下等は、第11条の規定によるほか、次に掲げるものであること。 　イ　幅は、120㎝以上とすること。 　ロ　50m以内ごとに車いすの転回に支障がない場所を設けること。 ○基準3.1.一　幅は、180㎝以上とすること。ただし、50m以内ごとに車いすのすれ違いに支障がない場所を設ける場合にあっては、140㎝以上とすることができる。 ○基準3.1.六　不特定かつ多数の者が利用し、又は主として視覚障害者が利用する廊下等に突出物を設けないこと。（略） □2.4.1.④　消火器、電話台等を設ける場合は、通行の妨げとならないように設置し、また、柱型等の突出物をできるだけなくし、円滑な移動を確保する。 □2.4.1.⑤　車いす及び杖使用者の利用を配慮した幅員を確保する。（略）車いす使用者が転回できるスペースを確保する。	**歩行困難・車いす** ●視覚障害者用誘導ブロック等は、つまずきの原因、通行の支障となる ―手すりや床仕上げの感触の違いの活用等、視覚障害者誘導用ブロック等の代替手法による誘導を考慮する ―視覚障害者誘導用ブロック等を設置する場合は、回避して通行できる十分なスペースを確保する、設置位置を工夫するなど配慮する ▼障害物を置かない

設計のUDポイント　解説

カウンターの標準モデル

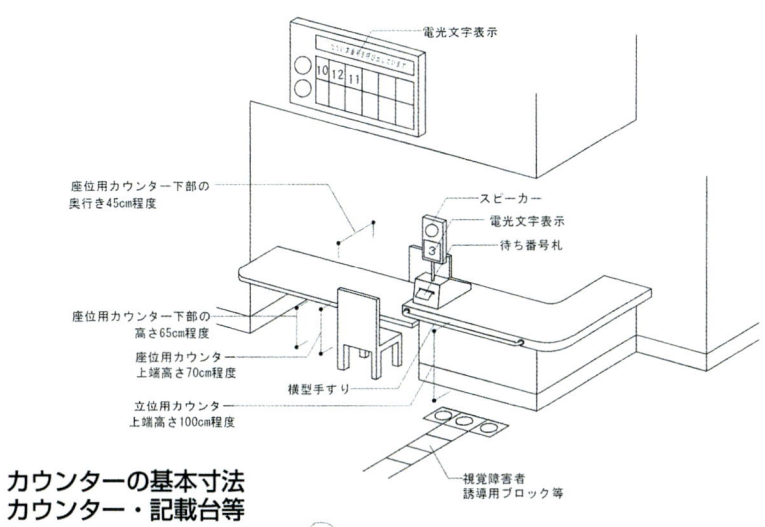

- 電光文字表示
- 座位用カウンター下部の奥行き45cm程度
- スピーカー
- 電光文字表示
- 待ち番号札
- 座位用カウンター下部の高さ65cm程度
- 座位用カウンター上端高さ70cm程度
- 立位用カウンター上端高さ100cm程度
- 横型手すり
- 視覚障害者誘導用ブロック等

カウンターの基本寸法
カウンター・記載台等

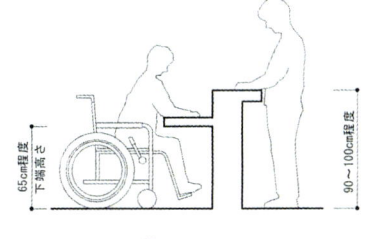

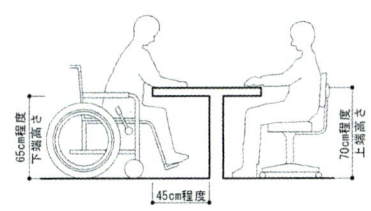

- 下端高さ65cm程度
- 90～100cm程度
- 下端高さ65cm程度
- 上端高さ70cm程度
- 45cm程度

出典● 2-109

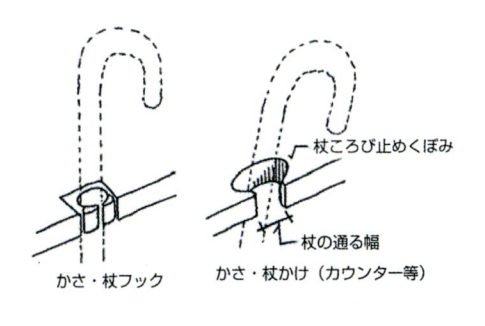

- かさ・杖フック
- 杖ころび止めくぼみ
- 杖の通る幅
- かさ・杖かけ（カウンター等）

実　例

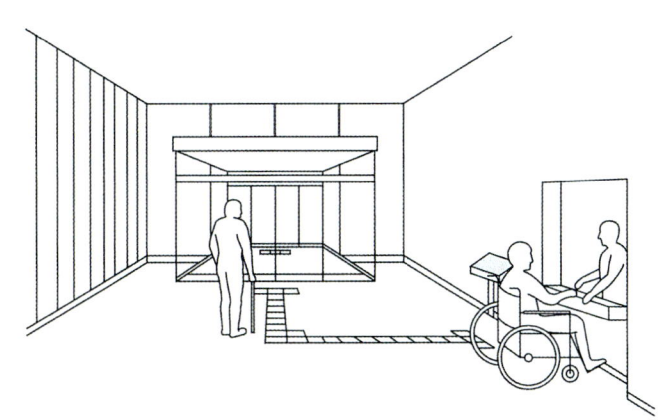

座位・立位両方の高さのカウンターを隣接して設ける

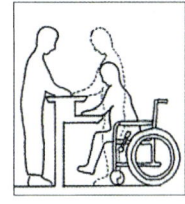

筆記事項の少ない場合、カウンターを浅くして立位・座位どちらでも使える受付け用2段カウンター

設計のUDポイント	参考法令等	個々のニーズへの対応
床面仕上げに関する配慮 ・滑りにくく、平坦な仕上げとする ・転倒してもけがをしにくい仕上げとする ・車いすの走行性を考慮した仕上げとする ・床、壁等の色、床仕上げの感触の違いを利用した誘導を考慮する	○基準3.1.二　表面は粗面とし、又は滑りにくい材料で仕上げること。（政令16.一も同様） □2.4.1.(4).①　床の材料：すべりにくい仕上げとする。 ・転倒に対して衝撃の少ない材料とすることが望ましい。	**車いす** ●やわらかい床材はキャスターの走行性を損なう ―毛足の長いカーペットのような仕上げは避ける
手すりの設置 ・主要経路などに適宜設置する ・設置する場合は、開口部分等についても設置するよう配慮し、できるだけ連続性を確保する ・手すりは、周囲と区別できる色彩とする	□2.4.1.⑥　必要に応じて手すり、視覚障害者誘導用ブロック等を設置する。 □2.13A.1.(2)　連続性等：手すりは起点から終点まで連続して、壁に堅固に設置することが望ましい。 □2.13A.1.(6)　壁との関係：手すりの位置が認識できるよう周囲の壁等と識別しやすい色とすることが望ましい。	▼手すりは手で直接触れるものなので、汚れ、破損がないかこまめに点検し、清掃、補修を行う
点字等による室名表記 ・部屋出入口左右の手すりの一定の位置に室名の点字表示する ・部屋番号については、浮き出し数字（一般の数字の形を浮出しにして触察できるようにしたもの）により一定の位置に表示する	□2.4.1.(5).②　点字表示：（略）手すりの端部、廊下の曲がり角の部分等には、現在位置及び誘導内容等を点字表示することが望ましい。 □2.4.3.(3)　手すり：出入り口付近の手すりには、室名、現在位置等を、点字表示することが望ましい。	▼手すりに設置された点字等に汚れ、破損がないか、こまめに点検し、清掃、補修を行う
休憩スペースの設置 ・移動経路上に適宜設置する	○基準3.1.七　高齢者、障害者等の休憩の用に供する設備を適切な位置に設けること。 □2.4.1.⑧　通路内に休憩できるスペースを設ける場合は、腰掛け等を設置し、車いす使用者のスペースにも配慮する。	
階段とスロープの併設 ・やむを得ず同一フロア内で段差が生じる場合、階段とスロープを併設する	○政令18.2.一　当該移動等円滑化経路上に階段又は段を設けないこと。ただし、傾斜路又はエレベーターその他の昇降機を併設する場合は、この限りでない。 ○基準5　多数の者が利用する階段を設ける場合には、階段に代わり、又はこれに併設する傾斜路又はエレベーターその他の昇降機（略）を設けなければならない。（略）	

設計のUDポイント 解説

屋内の通路の設計標準

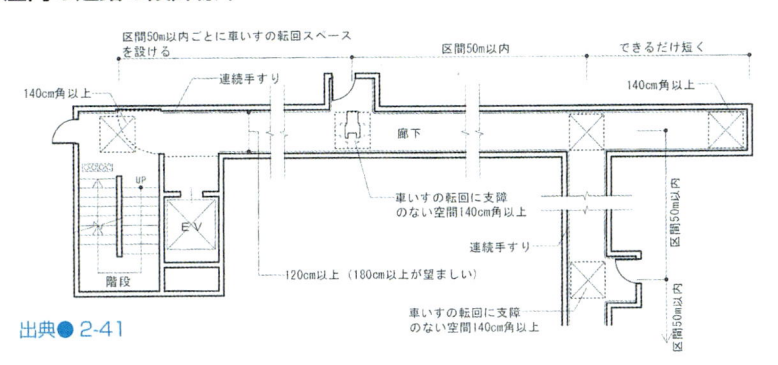

出典● 2-41

手すりと有効幅員

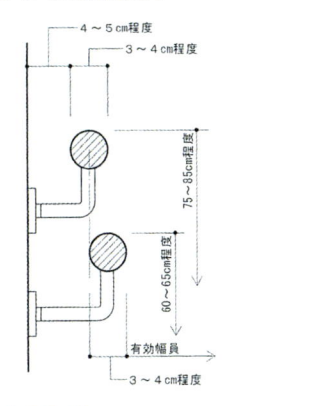

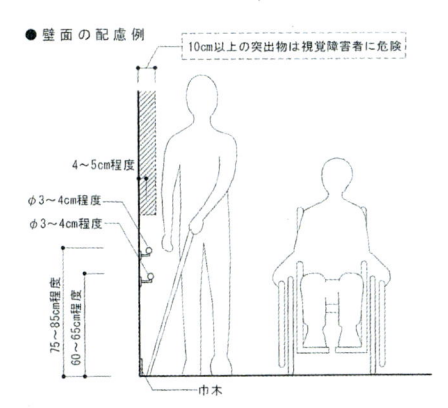

出典● 2-42

手すりの端部と点字表示

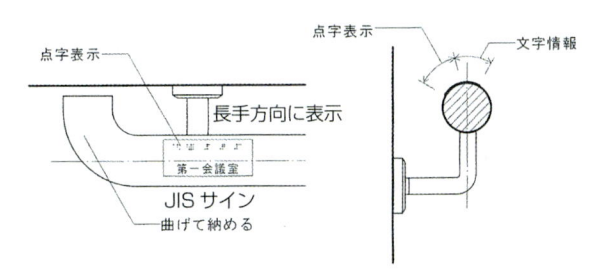

出典● 2-103

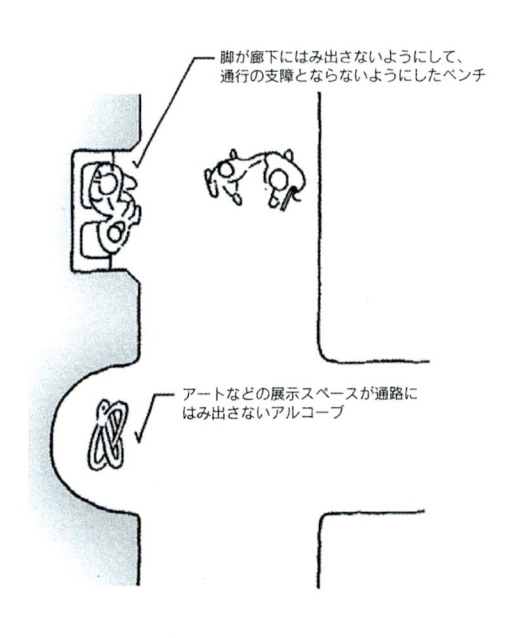

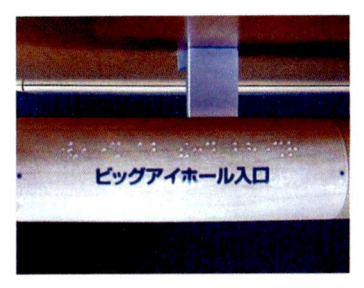

実 例

部屋の入口を示す手すりの表示

手すりの設置と、床・壁等の色の違いを利用した誘導

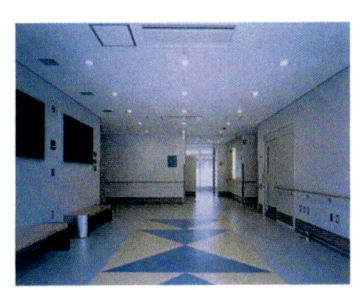

ベンチを設置した休憩スペース

設計のUDポイント	参考法令等	個々のニーズへの対応
⑤ スロープ		
勾配・幅員に関する配慮 ・緩やかな勾配で、ゆとりのある幅員とする	○政令18.2.四　当該移動等円滑化経路を構成する傾斜路（階段に代わり、又はこれに併設するものに限る。）は、第13条の規定によるほか、次に掲げるものであること。 　イ　幅は、階段に代わるものにあっては120cm以上、階段に併設するものにあっては90cm以上とすること。 　ロ　勾配は、1/12を超えないこと。ただし、高さが16cm以下のものにあっては、1/8を超えないこと。 　ハ　（略）高さ75cm以内ごとに踏幅が150cm以上の踊場を設けること。 ○基準6.1　多数の者が利用する傾斜路（階段に代わり、又はこれに併設するものに限る。）は、次に掲げるものでなければならない。 　一　幅は、階段に代わるものにあっては150cm以上、階段に併設するものにあっては120cm以上とすること。 　二　勾配は、1/12を超えないこと。 　三　（略）高さ75cm以内ごとに踏幅が150cm以上の踊場を設けること。	**視覚・高齢** ●長いスロープが負担 ―階段とスロープを併設する場合、視覚障害者誘導用ブロック等は、移動距離が短くなる方に誘導するよう敷設するなお、階段とスロープを平行して設置する場合など、移動距離がほぼ同じとなる場合は、スロープに誘導する
手すり、立ち上がりの設置 ・スロープは、踊り場も含めて両側に連続した2段手すりを設置する ・手すりは、力がかけやすく、つかみやすい形状とする ・手すりは、周囲と区別できる色彩とする ・手すりの始終点部に、十分な水平部分を設置する ・手すり子形式の場合は、脱輪防止等のため側端に立ち上がりを設ける	○政令13.一　勾配が1/12を超え、又は高さが16cmを超える傾斜がある部分には、手すりを設けること。 ○基準6.1.四　高さが16cmを超える傾斜がある部分には、両側に手すりを設けること。 □2.1.2.(3).①　手すり：傾斜路の上端・下端では45cm以上水平に延長し、歩きはじめの安定確保や、視覚障害者の利用に配慮することが望ましい。 □2.1.2.(3).②　立上り：側壁がない側には、杖等による危険の認知、車いすのキャスタ等の脱輪防止等のため、傾斜路側端に5cm以上の立上がりを設けることが望ましい。	▼手すりは手で直接触れるものなので、汚れ、破損がないかこまめに点検し、清掃、補修を行う
床面仕上げに関する配慮 ・滑りにくくかつ車いすの走行性に配慮した平坦な仕上げとする	○政令13.二　表面は、粗面とし、又は滑りにくい材料で仕上げること。（基準6.1.五も同様）	
床面の色彩の対比 ・傾斜部と平坦部が区別できるように床材の色彩、材質の対比などを工夫する	○政令13.三　その前後の廊下等との色の明度、色相又は彩度の差が大きいことによりその存在を容易に識別できるものとすること。（基準6.1.六も同様）	
スロープ前後のスペースの確保 ・スロープの前後には十分な広さの踊場を確保する ・スロープと交差して他の通路を設置しない。やむを得ず設置する場合は、踊場の広さに留意する	○政令18.2.四.ハ　（略）高さ75cm以内ごとに踏幅が150cm以上の踊場を設けること。（基準6.1.三も同様）	

設計のUDポイント　解説	実　例

図：
- 点字表示
- 手すり（両側）
- 傾斜路
- 点字表示
- 120cm以上
- 仕切り壁
- 手すり（両側）
- 点状ブロック

・段の一部を残し、傾斜路を併設する
・視覚障害者誘導用ブロック等を敷設する
・手すりを設置する

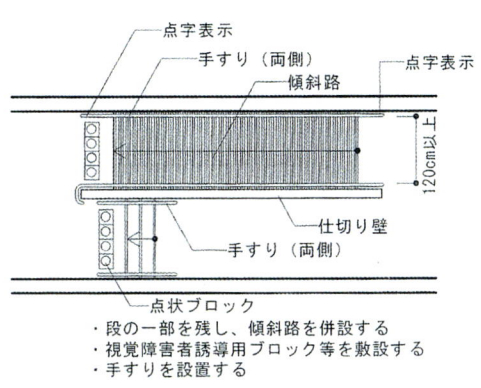

出典● 2-42

床材の色彩の対比によりスロープと平坦部を区別

設計のUDポイント	参考法令等	個々のニーズへの対応
視覚障害者誘導用ブロック等の敷設 ・スロープの上部に点状ブロック等を敷設する。視覚障害者の誘導経路となっている場合については下部にも敷設するなど、スロープの設置状況、誘導経路等を考慮し、適宜下部にも敷設する	○政令13.四 傾斜がある部分の上端に近接する踊場の部分（略）には、視覚障害者に対し警告を行うために、点状ブロック等を敷設すること。（略）（基準6.1.七も同様）	
⑥ 階段		
勾配・幅員に関する配慮 ・緩やかな勾配で、ゆとりのある幅員とする	○基準4.一 幅は、140cm以上とすること。（略） 二 けあげの寸法は、16cm以下とすること。 三 踏面の寸法は、30cm以上とすること。	**視覚・歩行困難** ●階段でのつまずき、転倒 ―床及び手すりの形状、仕上げ、色彩等について詳細に配慮する
けこみの形状等に関する配慮 ・けこみ板のある構造とする ・段鼻は突出さない形状とし、足のつま先の引っかかりの原因となるけこみを設けない	○政令12.四 段鼻の突き出しその他のつまずきの原因となるものを設けない構造とすること。（基準4.七も同様） □2.5.1.(2).② 蹴上げ・踏み面・蹴込み：各寸法は、以下のような緩勾配にすることが望ましく、同一の階段においては同一寸法を原則とする。 ハ 蹴込み 2cm以下	
床面仕上げに関する配慮 ・滑りにくい仕上げとし、段鼻はぶつけてもケガをしないように丸みをもたせ、ノンスリップは弾性素材のものとする	○政令12.二 表面は、粗面とし、又は滑りにくい材料で仕上げること。（基準4.1.五も同様）	
段の識別 ・段鼻、蹴込み面、踏面の色彩、材質の対比に配慮する	○政令12.三 踏面の端部とその周囲の部分との色の明度、色相又は彩度の差が大きいことにより段を容易に識別できるものとすること。（基準4.六も同様） □2.5.1.(3).① 段鼻・踏み面・蹴込み板：段鼻、踏み面、蹴上げは、視覚障害者等が認知しやすいように、色、明度、仕上げ等の差に配慮する。	
手すり、立ち上がりの設置 ・踊り場も含めて両側に連続した手すりを設置することとし、不特定かつ多数が使用する階段については2段とする ・階段の幅が大きい場合は、中間にも両側から使用可能な手すりを設置する ・手すりは、力がかけやすく、つかみやすい形状とする ・手すりは、周囲と区別できる色彩とする ・手すりの始終点部に、十分な水平部分を設置する ・手すり子形式の場合は、杖の脱落防止等のため側端に立ち上がりを設ける ・手すりの水平部分の一定の位置に、現在階の階数、フロア情報などを点字表示する ・階数については、浮き出し文字により一定の位置に表示する	○政令12.一 踊場を除き、手すりを設けること。 ○基準4.四 踊場を除き、両側に手すりを設けること。 □2.5.1.(3).② 手すり：手すりは両側に連続して設けることが望ましい。踊り場にも連続させ、途中で途切れないようにすることが望ましい。 ・幅員が3mを超える場合には、中央にも設置する。（略） ・階段の上端では45cm以上水平に延長し、下端では斜め部分を含めて段鼻から45cm以上手すりを延長することが望ましい。 □2.5.1.(3).③ 立上がり：側面を手すり子形式とする場合は、杖が転落しないように、階段の側桁又は地覆を5cm以上立ち上げることが望ましい。 □2.5.1.(5).② 点字表示：（略）手すりの水平部分に現在位置及び上下階の情報等を点字表示する。	▼手すりは手で直接触れるものなので、汚れ、破損がないかこまめに点検し、清掃、補修を行う ▼手すりに設置された点字等に汚れ、破損がないか、こまめに点検し、清掃、補修を行う

設計のUDポイント　解説	実　例

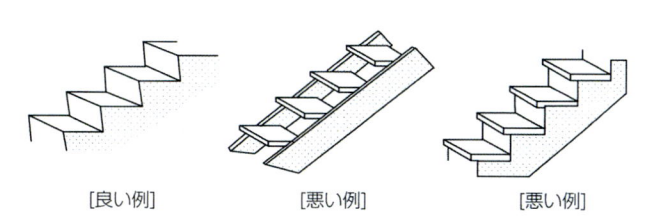

[良い例]　[悪い例]　[悪い例]

けこみ板のある構造とする
段鼻は突出さない形状とする

上りは下の段、下りは上の段
利用しやすい2段手すり

出典● 3

両手が使え、力が弱い人や高齢者が使い易い階段

けこみ面、ふみ面の色を変え見えやすくする。最下段は注意喚起のためノンスリップ色を変化

コントラストをつけ、認識しやすいように配慮した階段

降り口前に点状ブロックを敷設

設計のUDポイント	参考法令等	個々のニーズへの対応
視覚障害者誘導用ブロック等の敷設 ・階段の上端に近接する通路、踊場の部分に点状ブロック等を敷設する。視覚障害者の誘導経路となっている場合については下部にも敷設するなど、階段の設置状況、誘導経路等を考慮し、適宜下部にも敷設する	○政令12.五 段がある部分の上端に近接する踊場の部分（略）には、視覚障害者に対し警告を行うために、点状ブロック等を敷設すること。（略）（基準4.八も同様） □2.5.1.(5) 留意点：点状ブロック等の敷設：点状ブロック等は階段の上端に敷設するものとするが、階段の上端・下端を予告する意味で、階段の下端にも敷設することが考えられる。また、出口等から階段まで連続誘導がなされている場合には、上端・下端共に敷設することが望ましい。	
回り階段・らせん階段の禁止 ・メンテナンス用階段を除き、回り階段やらせん階段を設けない	○政令12.六 主たる階段は、回り階段でないこと。（略）（基準4.九も同様）	
⑦ エレベーター		
計画の考え方 ・エレベーターは、玄関から近く、わかりやすい位置に、階段と近接して設ける。 ・エレベーターは、様々なニーズを考慮し、適切な仕様とする ・待機場所から移動せずに乗れるEVを選択できるように、群管理されるEVのうち所定のEV（基本的には1台）のみに連動する専用呼び出しボタンを当該EVの横に設置する ・専用呼び出しボタンと連動するEVについては、玄関等から最も近い位置に設置する ※専用呼び出しボタンの必要性の有無、群管理用と専用呼び出しボタンの設置パターン等については、社会環境、科学的知見をふまえ、検討することが必要である ・視覚障害者誘導用ブロックをエレベーターまで敷設する場合は、最も近い位置のエレベーターへ誘導するように敷設する	○政令19 移動等円滑化の措置がとられたエレベーターその他の昇降機（略）の付近には、国土交通省令で定めるところにより、（略）当該エレベーターその他の昇降機（略）があることを表示する標識を設けなければならない。	**視覚・聴覚・歩行困難・車いす** ●EV扉までの移動、乗降に時間がかかり、EVホールが広い場合や、予告されたEV以外のEVが到着した場合などに乗れない可能性がある ―扉の開時間、開閉スピードを調整する ―次に到着予定のEVを分かりやすく案内する ―専用呼び出しボタンを設置する
EVホールに関する配慮 ・車いすの回転等を考慮し、十分な広さを確保する ・EVの到着、昇降方向、次に到着予定のEVをわかりやすく表示する ・通行や呼び出しボタンの操作の支障とならない位置に、エレベーターを座って待てるベンチの設置を考慮する	○政令18.2.五 当該移動等円滑化経路を構成するエレベーター（略）及びその乗降ロビーは、次に掲げるものであること。 　二 乗降ロビーは、高低差がないものとし、その幅及び奥行きは、150㎝以上とすること。（基準7.2.三 多数のが利用する昇降機の乗降ロビーについて同様） ○基準7.5 第一項の規定により設けられた不特定かつ多数の者が利用するエレベーター及びその乗降ロビーは、昇降機及びその乗降ロビーは、（略）次に掲げるものでなければならない。 　三 乗降ロビーは、高低差がないものとし、その幅及び奥行きは、180㎝以上とすること。 ○政令18.2.五.ト 乗降ロビーに、到着するかごの昇降方向を表示する装置を設けること。（基準7.2.五も同様）	

設計のUDポイント　解説	実　例

エレベーターの設計標準

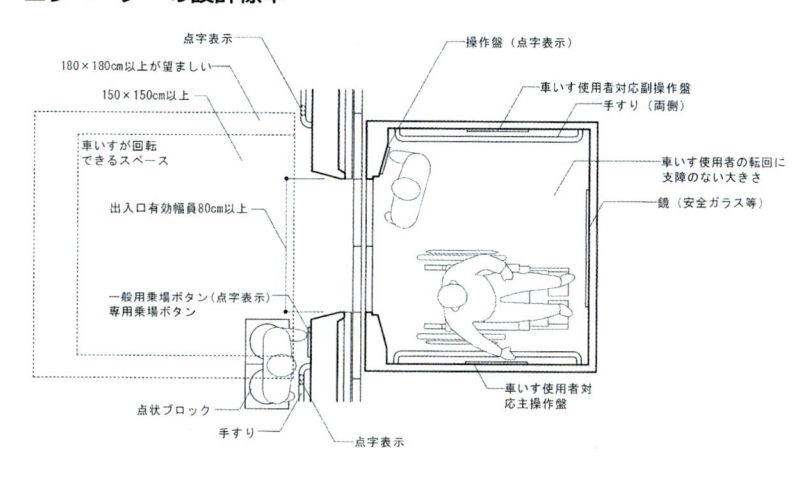

エレベーター出入口（乗り場）　　かご内の断面図

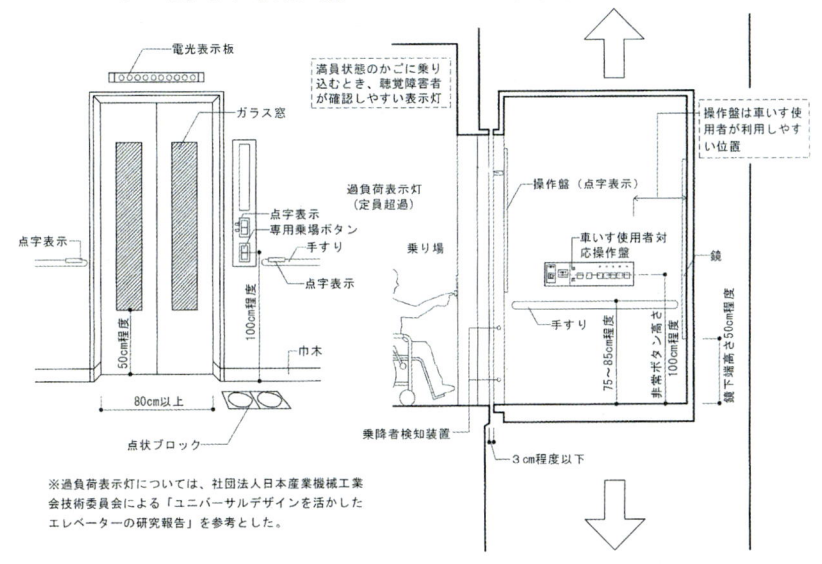

建物構成により、通り抜け出口の EV も使いやすい

エレベーターの中には建物各階の案内を設置

※過負荷表示灯については、社団法人日本産業機械工業会技術委員会による「ユニバーサルデザインを活かしたエレベーターの研究報告」を参考とした。

出典● 2-54

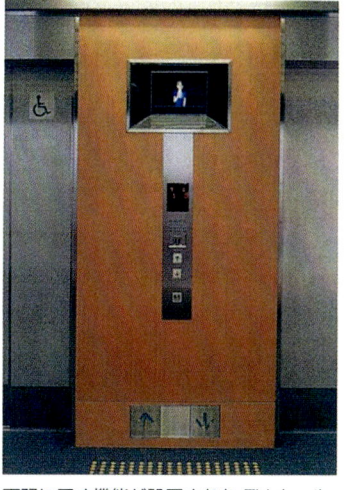

下記に示す機能が設置された EV ホールの操作壁面パネル

手話サインを画面（動画）で表示

手がふさがっている時など、操作しやすいフットスイッチ

ベンチを設置したゆとりのあるエレベーターホール

設計のUDポイント	参考法令等	個々のニーズへの対応
かご内に関する配慮 ・車いすの回転等を考慮し、十分な広さを確保する ・やむを得ず車いすの回転ができる広さを確保できない場合は、車いす使用者が後ろ向きで降りるための鏡を設置する。ただし、スルーエレベーターを設置する場合はこの限りではない ・移動中身体を支持する手すりの設置を考慮する ・到着階、停止予定階、昇降方向を分かりやすく表示する ・インターホンは、操作盤内及び車いす使用者が利用できる操作盤内に設置する	○政令18.2.五.ハ　かごの奥行きは、135cm以上とすること。（基準7.2.二も同様） ○政令18.2.五.チ　不特定かつ多数の者が利用する建築物（略）の移動等円滑化経路を構成するエレベーターにあっては、イからハまで、ホ及びへに定めるもののほか、次に掲げるものであること。 （1）かごの幅は、140cm以上とすること。 （2）かごは、車いすの転回に支障がない構造とすること。（基準7.3 多数の者が利用する昇降機について同様） ○政令18.2.五.ヘ　かご内に、かごが停止する予定の階及びかごの現在位置を表示する装置を設けること。（基準7.2.四も同様） ○政令18.2.五.リ　不特定かつ多数の者が利用し、又は主として視覚障害者が利用するエレベーター及び乗降ロビーにあっては、イからチまでに定めるもののほか、次に掲げるものであること。 （3）かご内又は乗降ロビーに、到着するかごの昇降方向を音声により知らせる装置を設けること。（基準7.6.三も同様） □2.6.1.(2).②　鏡：車いす使用者の利用に配慮して、かごの中で転回しなくても戸の開閉状況が確認できるよう、かご入口正面壁面に、出入り口状況確認用の床上50cmから150cm程度まである鏡（ステンレス製又は安全ガラス等）を設けることが望ましい。なお、出入口が貫通型（スルー型）、直角2方向型及びトランク型のかごの場合には凸面鏡等でもよい。 □2.6.1.(2).③　手すり：両側面及び正面壁に設け、握りやすい形状とすることが望ましい。 ・取り付け高さは、75～85cm程度とすることが望ましい。	**聴覚** ●かご内のインターホンで、管理者等と言葉による応答ができない ―管理者等にかご内の状況を伝えられるカメラ、通報したことが伝わっていることを知らせる表示装置等の設置を考慮する
扉に関する配慮 ・十分な有効幅を確保する ・「閉」の衝突防止センサーは、どのような姿勢でも身体や荷物などのすべての部分が安全に通過できるように、設置間隔を細かく、範囲を広く設置する ・開閉スピードは「閉」をゆっくりとする ・扉の開時間の長さについて考慮する ・乗降時の見通しを確保するため、扉にガラス窓を設けることを考慮する	○政令18.2.五.ロ　かご及び昇降路の出入口の幅は80cm以上とすること。（基準7.2.一も同様） ○基準7.5　第一項の規定により設けられた不特定かつ多数の者が利用するエレベーター及びその乗降ロビーは（略）、次に掲げるものでなければならない。 二　かご及び昇降路の出入口の幅は、90cm以上とすること。 □2.6.1.(2).⑥　乗降者検知装置：かごの出入口には光電式、静電式又は超音波式等で乗客を検出し、戸閉を制御する装置を設けることが望ましい。（略） □2.6.1.(2).⑩　エレベーターの出入口戸：エレベーターの出入口に、床上50cm程度まであるガラス（略）窓を設けることが望ましい。	

設計のUDポイント　解説	実　例
	身体を支持するのに有効な手すりを設置したゆとりのあるエレベーター
	窓のある扉
設計のUDポイント　解説	実　例

設計のUDポイント	参考法令等	個々のニーズへの対応
音声等による案内 ・かご内では、到着階、昇降方向等を知らせる音声装置を設置する ・EVホールにおいては、EVの到着及び次に到着予定のEVを知らせる音響装置等を設置する	○政令 18.2.五.リ.(3)　かご内又は乗降ロビーに、到着するかごの昇降方向を音声により知らせる装置を設けること。(基準7.6.三も同様)	
操作ボタンに関する配慮 ・かご内操作ボタンの設置高さは、視覚障害者が位置を確認しやすい範囲内とする ・車いす使用者の利用しやすい位置への操作盤の設置についても考慮することとし、専用呼び出しボタンに連動するEVについては必ず設置する ・オン・オフが触感でわかる押しボタン形式とする ・ボタンの種類がわかるように、ボタンの左側に点字で表示する。また、階数については、浮き出し文字による表記についても考慮する ・EVホールに設置する乗場ボタンは、設置高さ・角度の工夫、フットスイッチの併設などを考慮する	○政令 18.2.五.ホ　かご内及び乗降ロビーには、車いす使用者が利用しやすい位置に制御装置を設けること。 ○政令 18.2.五.リ.(2)　かご内及び乗降ロビーに設ける制御装置(車いす使用者が利用しやすい位置及びその他の位置に制御装置を設ける場合にあっては、当該その他の位置に設けるものに限る。)は、点字その他国土交通大臣が定める方法により視覚障害者が円滑に操作することができる構造とすること。(基準7.6.二も同様) □ 2.6.1.(2).①　乗降ロビーの乗り場ボタン・表示等：(略)乗り場ボタンには、点字表示を行うとともに方向が識別できる形状とすることが望ましい。 ・点字表示を乗り場ボタンに設ける際、立位で使用する乗り場ボタンに設けることを基本とする。 ・点字表示はボタンの左側に設けることが望ましい。 ・タッチセンサー式のボタンは視覚障害者には押したか否か認知が難しく、誤って押す可能性があるため、使用しないことが望ましい。 □ 2.6.1.(2).④　車いす使用者対応の主操作盤、副操作盤：かご内で転回しにくい車いす使用者の操作を考慮し、かご中央あたりの左右の壁に車いす使用者対応の主操作盤、副操作盤を設ける。 ・設置位置は、車いす使用者の手が届く範囲を考慮し、高さは100cm程度が望ましい。また、極端にかごの奥や手前に設けないものとする。	**視覚** ●操作ボタンの位置、種類、オン・オフを把握するのが困難 ―一般的に操作ボタンがついてる範囲に設置し、触感でわかりやすいボタン形状とする ―タッチセンサー式の操作ボタンはオン・オフの認知が困難であるので使用しない ▼点字に汚れ、破損がないか定期的に点検し、清掃、補修を行う **車いす** ●かごのコーナー部分に手が届かない ―コーナーから離した位置に、車いす使用者の利用できる操作盤を設置する
案内表示の設置 ・目的階が容易に確認できるよう、EVホール及びかご内にわかりやすく庁舎内案内板等の案内表示を設置する		
過負荷、非常時に関する配慮 ・過負荷、非常時は音声と電光表示等で案内する		

設計のUDポイント　解説	実　例
	大きく押しやすい行き先操作ボタン
	点字と数字の凸でわかりやすく押しやすさに配慮した操作ボタン

設計のUDポイント	参考法令等	個々のニーズへの対応
⑧ エスカレーター		
計画の考え方 ・輸送力の確保 ・移動の頻度の高い上下階の間などに、階段、EVに加えた選択肢として設置する		**視覚・聴覚・歩行困難・車いす** ●上りと下りの区別が分かりづらい ―手前に固定手すりを設置 ―音声案内を設置 **歩行困難・車いす** ●乗降に危険をともなう ―原則としてエレベーターを設置する
上り下りの併設 ・原則として上り下りを併設する		
視覚障害者誘導用ブロック等の敷設 ・原則として、エスカレーターの始まり、終わりに点状ブロック等を設置する	□ 2.6.5.⑤ エスカレーターの乗降口部には（略）点状ブロック等を敷設するか、音声案内を設置して注意を喚起するものとする。 □ 2.6.5.(4) 表示：「点状ブロック等」を（略）乗り口、降り口部のランディングプレートから30cm程度離し、固定手すりの内側に敷設することが望ましい	

| 設計のUDポイント　解説 | 実　例 |

エスカレーターの設計標準

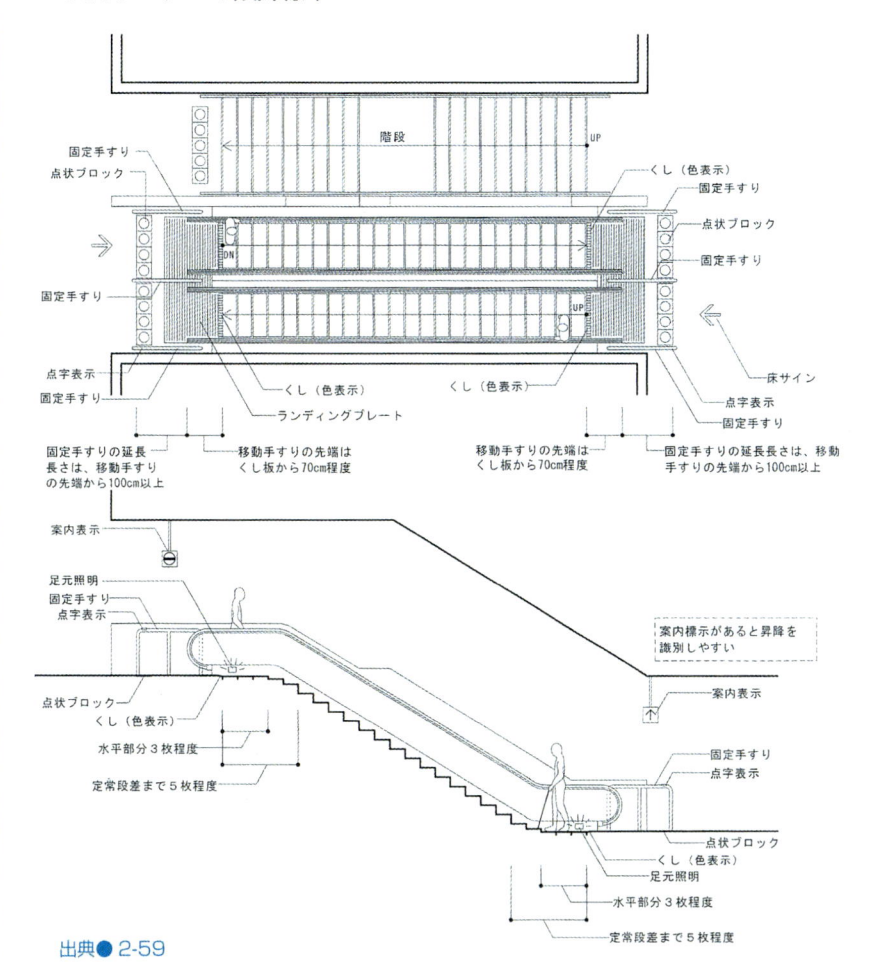

図中ラベル：
- 固定手すり
- 点状ブロック
- 階段　UP
- くし（色表示）
- 固定手すり
- 点状ブロック
- 固定手すり
- 点字表示
- 固定手すり
- くし（色表示）
- ランディングプレート
- 床サイン
- 点字表示
- 固定手すり
- 固定手すりの延長長さは、移動手すりの先端から100cm以上
- 移動手すりの先端はくし板から70cm程度
- 移動手すりの先端はくし板から70cm程度
- 固定手すりの延長長さは、移動手すりの先端から100cm以上
- 案内表示
- 足元照明
- 固定手すり
- 点字表示
- 点状ブロック
- くし（色表示）
- 水平部分3枚程度
- 定常段差まで5枚程度
- 案内標示があると昇降を識別しやすい
- 案内表示
- 固定手すり
- 点字表示
- 点状ブロック
- くし（色表示）
- 足元照明
- 水平部分3枚程度
- 定常段差まで5枚程度

出典● 2-59

昇降口誘導用固定手すりのあるエスカレーター

エスカレーターの乗降口部に点状ブロックを敷設

設計のUDポイント	参考法令等	個々のニーズへの対応
⑨ 各室出入口		
扉の幅の確保 ・扉の有効幅にゆとりをもたせる	○政令18.2.ニ 当該移動等円滑化経路を構成する出入口は、次に掲げるものであること。 　イ 幅は80 cm以上とすること。 ○基準2.1 多数の者が利用する出入口（略）は、次に掲げるものでなければならない。 　一 幅は、90 cm以上とすること。	**車いす** ●開き扉の開閉が困難 ―扉の構造は、できるだけ引き戸とする
扉の構造に関する配慮 ・開閉方法がわかりやすく、容易に開閉して、安全に通過できる構造とする ・窓口業務室の出入口など、不特定かつ多数の人が使用する出入口は自動扉（引き戸）とする ・その他の扉については、可能な場合は引き戸とすることが望ましい ・開き戸とする場合は、扉を開けたときに通行の障害とならないように配慮し、取っ手をレバーハンドルとする ・出入の多い扉などは、扉の向こうの様子がわかるように配慮する ・錠の操作部の設置高さや施錠開錠方法に配慮する	○政令18.2.ニ 当該移動等円滑化経路を構成する出入口は、次に掲げるものであること。 　ロ 戸を設ける場合には、自動的に開閉する構造その他の車いす使用者が容易に開閉して通過できる構造とし、かつ、その前後に高低差がないこと。（基準2.1 ニ 多数の者が利用する出入口について同様） □2.8.1.② 戸は、車いす使用者が開閉しやすい形式とする。廊下に面して外開き戸を設ける場合には（略）アルコーブ設ける。 □2.8.1.③ 車いす使用者が戸の開閉・出入りを行うために必要なスペースを確保する。 □2.8.1.(2) 戸の形式：開閉方法は、自動式引き戸、手動式引き戸が望ましい。 □2.8.1.(3) 留意点：ガラス窓：聴覚障害者は、ノックをしてもその音がわからないため、部屋の中の様子がわかるように戸にガラス窓を入れる等の工夫をするとよい。	**上肢不自由** ●取っ手の操作が困難 ―取っ手の形状、機構などに配慮する

設計のUDポイント 解説	実 例

利用居室の出入口の設計標準

● 引き戸の場合

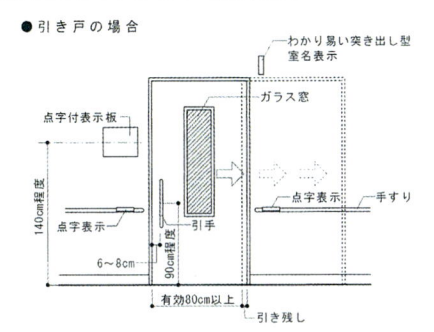

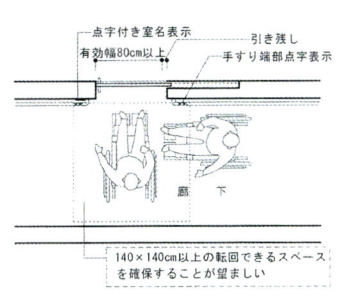

● 内開き戸の場合

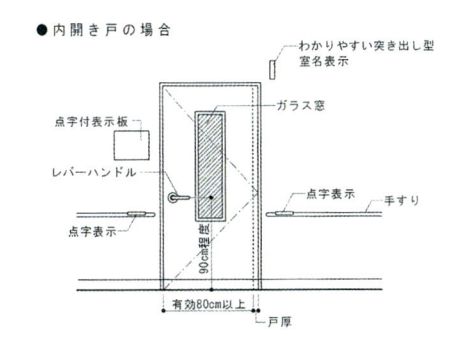

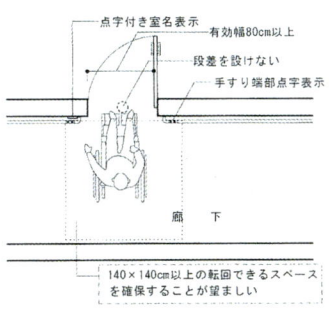

● 外開き戸の場合

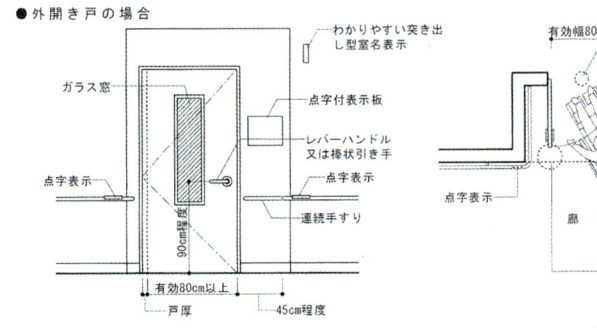

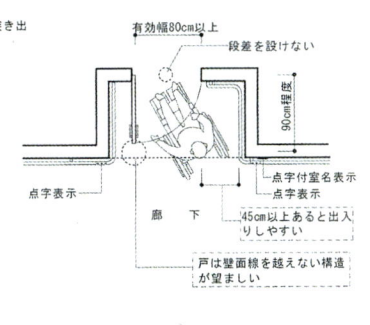

出典● 2-75

引き戸によるゆとりある出入口

重い扉は押ボタン（壁面の車いすマーク）式で自動開閉

部屋の入り口のサイン

使いやすい把手

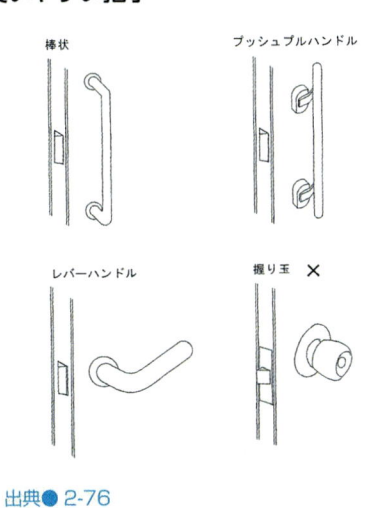

棒状　プッシュプルハンドル　パニックバー

レバーハンドル　握り玉 ×

出典● 2-76

（2） 行為空間

基本原則（設計のポイント）

1 ゆとりの空間確保
- ●目的とする行為を行いやすいように、ゆとりのある空間を確保する

2 誰もが使用可能な寸法
- ●カウンター等の高さやスイッチ等の設置位置は、誰もが使用しやすいように配慮する
- ●すべての人が共通のものを使用することが困難な場合は、それぞれが快適に使用できる選択肢を確保する

3 操作のしやすさ、わかりやすさ
- ●操作ボタン等は、操作しやすい大きさ、形状等に配慮する
- ●分かりやすい操作方法を選択し、操作方法の表示等に配慮する

設計のUDポイント　項目

① 待合
② 窓口
③ 執務室、会議室
④ トイレ　－1　共通事項
　　　　　－2　多機能トイレ
　　　　　－3　一般トイレ
　　　　　－4　洗面カウンター
⑤ 電話コーナー
⑥ 水飲み器
⑦ 授乳室等
⑧ 喫煙室
⑨ 湯沸室
⑩ 職員休養スペース
⑪ 食堂
⑫ スイッチ・コンセント

凡例

参考法令等

○：バリアフリー新法
　（政令：施行令、基準：建築物移動等円滑化誘導基準）
□：高齢者・身体障害者等の利用を配慮した建築設計標準
　＜講習会テキスト＞
☆：その他

個々のニーズへの対応

●：特に留意すべき事項
　―（解決方法の例）
▼：管理運営上の配慮

設計のUDポイント	参考法令等	個々のニーズへの対応
① 待合		
扉に関する配慮 ・扉に関する配慮・有効幅にゆとりをもたせ、自動扉(引き戸)とする ・扉の向こう側の様子がわかるよう配慮する	○基準2.1　多数の者が利用する出入口(略)のうち1以上のものは、次に掲げるものでなければならない。 　一　幅は、90cm以上とすること。 　二　戸を設ける場合には、自動的に開閉する構造その他の車いす使用者が容易に開閉して通過できる構造とし、かつ、その前後に高低差がないこと。	
待合スペースに関する配慮 ・利用者数に応じた十分なスペースを確保する ・出入口、窓口との間の出入りを考慮したレイアウトが可能なスペースを確保する ・車いす使用者やベビーカーを使用する子供連れなどが利用しやすいスペースや通路幅の確保に配慮する		▼十分な通路幅を確保したゆとりあるレイアウトとする ▼通路部分には障害物を置かない
② 窓口		
カウンターの高さ、形状 ・業務内容に応じて、座位(車いす使用者の利用を含む)のものを設置、又は座位と立位のものを併設する	□2.13C.1.(1)　カウンター等：立位で使用するカウンター等は、身体の支えとなるよう床及び壁にカウンターを固定し、必要に応じ手すりを設けることが望ましい。また、車いす使用者用カウンター等を併せて設置することが望ましい。 □2.13C.1.(2)　車いす使用者用カウンターの寸法 ①高さ 　イ　下端寸法　60〜65cm程度 　ロ　上端寸法　70cm程度 ②カウンター下部スペースの奥行き 　45cm程度	
案内表示に関する配慮 ・音声と文字表示による案内を併用する。必要に応じて、文字表示に外国語を併記する	□2.13C.1.(3)　表示：(略)呼び出しを行うカウンターでは、音声によるほか、(略)電光表示板を併せて設置することが望ましい。	**聴覚・外国人** ●会話での情報伝達が困難 ─筆記や手話で対応可能な窓口、外国語で対応可能な窓口には、その旨表示する ▼聴覚障害者には、筆記板等を用意し対応する
③ 執務室、会議室		
扉に関する配慮 ・有効幅にゆとりをもたせ、容易に開閉して安全に通過できる構造とする	○基準2.1　多数の者が利用する出入口(略)は、次に掲げるものでなければならない。 　一　幅は、90cm以上とすること。 　二　戸を設ける場合には、自動的に開閉する構造その他の車いす使用者が容易に開閉して通過できる構造とし、かつ、その前後に高低差がないこと。	
フレキシビリティの確保 ・職員の身体能力に合わせてレイアウトの変更が可能なように、フレキシビリティを確保する		▼職員のニーズに応じて、什器やOA機器などを選択し、適宜配置変更などを行う ▼会議室の机、いす等については、配置換えが容易なよう、軽く、キャスター付きなど、移動しやすいものを使用する

設計のUDポイント　解説	実　例
	ゆとりのある待合スペース
	文字情報を併用した呼び出しシステム
	座位・立位の人に選択肢を設けたカウンターと文字情報を併用した呼び出しシステム
	カウンターに置かれた筆談マークと筆記板

設計のUDポイント	参考法令等	個々のニーズへの対応
④ トイレ		
-1 共通事項		
位置に関する配慮 ・窓口業務室待合、事務室などから便利な位置、わかりやすい位置に配置する ・一般トイレと多機能トイレは隣接して設置する ・介助者が異性である場合を考慮した配置計画とする ・男子トイレ、女子トイレそれぞれの入口の配置関係を建物内で統一する ・閉庁時にも使用可能なトイレについては、守衛室の隣とするなど防犯に考慮する	○政令14.1 不特定かつ多数の者が利用し、又は主として高齢者、障害者等が利用する便所を設ける場合には、そのうち1以上(略)は、次に掲げるものでなければならない。 一 便所内に、(略)車いす使用者用便房(略)を1以上設けること。 ○基準9.1.一 多数の者が利用する便所(男子用及び女子用の区別があるときは、それぞれの便所)が設けられている階ごとに、当該便所のうち1以上に、車いす使用者用便房(略)を設けること。 二 多数の者が利用する便所が設けられている階の車いす使用者用便房の数は、当該階の便房(多数の者が利用するものに限る。以下この号において同じ。)の総数が200以下の場合にあっては当該便房の総数に1/50を乗じて得た数以上とし、当該階の便房の総数が200を超える場合は当該便房の総数に1/100を乗じて得た数に2を加えた数以上とすること。 □2.7.1.① 多機能便房は、(略)多機能便房以外の便所と一体的もしくはその出入口の近くに設けることが望ましい。(1)配置等：高齢者、障害者等が使いやすい位置に配置する。 □2.7.2.(1) 配置等：同一建物内においては便所の位置・男女の位置が統一されていると分かりやすい。	**すべて** ●多機能トイレは1回あたりの使用時間が長い傾向があるため、利用が重なると待ち時間が長くなる ー多機能トイレ又はこれに代替するトイレを複数設置する ーほかの利用可能トイレを案内表示する **視覚障害** ●複雑な空間構成、多様な設備の位置や操作方法等を認知することは困難 ーできるだけ単純な空間構成とする ー空間構成や設備の位置、形状、方式等を標準化する ー点字等により案内表示を行う
出入口に関する配慮 ・出入口の有効幅にゆとりをもたせる	○基準9.1.三 車いす使用者用便房及び当該便房が設けられている便所の出入口は、次に掲げるものであること。 イ 幅は、80cm以上とすること。 □2.7.2.(2).① 出入り口の有効幅員：便所の出入口の有効幅員は(略)80cm以上、(略)多機能便房以外の便房の出入り口の有効幅員を65cm以上とすることが望ましい。	
床面仕上げに関する配慮 ・滑りにくく、転倒してもけがをしにくい仕上げとするとともに、清掃のしやすさに配慮する	□2.7.2.(4) 仕上げ：濡れても滑りにくい材質とすることが望ましい。 ・段を設けない。	
設備に関する配慮 ・紙巻器、洗浄ボタン等は、便座及び車いすに座ったまま手の届く範囲に設置 ・紙巻器、洗浄ボタン等は、操作方法がわかりやすく、操作しやすいものとする ・紙巻器、洗浄ボタン等の位置、形状、操作方法を建物内で統一する ・洗浄ボタンと非常ボタンは、形状及び色彩により、視覚的にも触覚的にも容易に区別のつくものとする	○政令14.1.二 便所内に、高齢者、障害者等が円滑に利用することができる構造の水洗器具を設けた便房を1以上設けること。 □2.7.2.(3).⑤ 便器洗浄ボタン等（腰掛け便座の便房）：便器洗浄ボタン、ペーパーホルダーは、便器に腰掛けたまま容易に操作できるものとすることが望ましい。 ・視覚障害者が、探しやすい位置に設置するとともに操作方法がわかりやすいものとすることが望ましい。同一建築物内においては洗浄装置等の使用方法や形状、配置を統一するとよい。 ・視覚障害者に対しては、靴べら式の洗浄レバー等触知しやすく誤作動しにくいものが望ましい。	**視覚障害** ●センサー式水洗は存在や操作方法が認知しづらく、誤作動させてしまう可能性がある ー触知により位置、操作方法を認知しやすい洗浄レバー等を設置又は併設する。また、自動洗浄式を採用する場合は、押しボタンを併用し、わかりやすい位置に設置するとともに、自動洗浄のセンサーの方式、設置位置について十分考慮する▼視覚障害者は触知によりトイレ内の設備を確認するので、こまめに清掃を行う

| 設計のUDポイント 解説 | 実 例 |

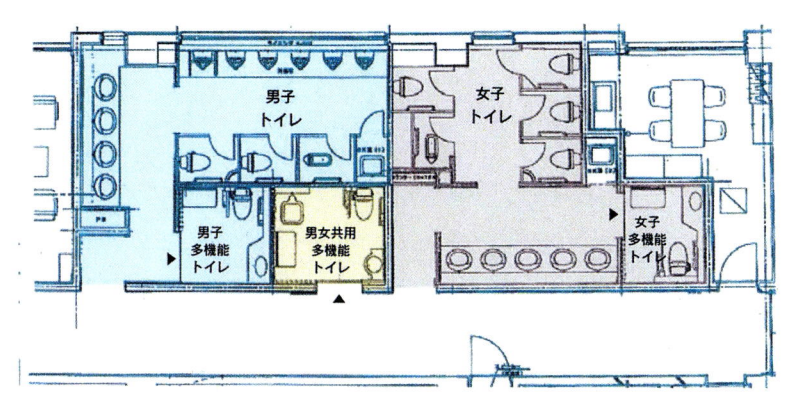

男女共用の多機能トイレを中央に、男子トイレ、女子トイレの内部に大きめのブースを配置した例

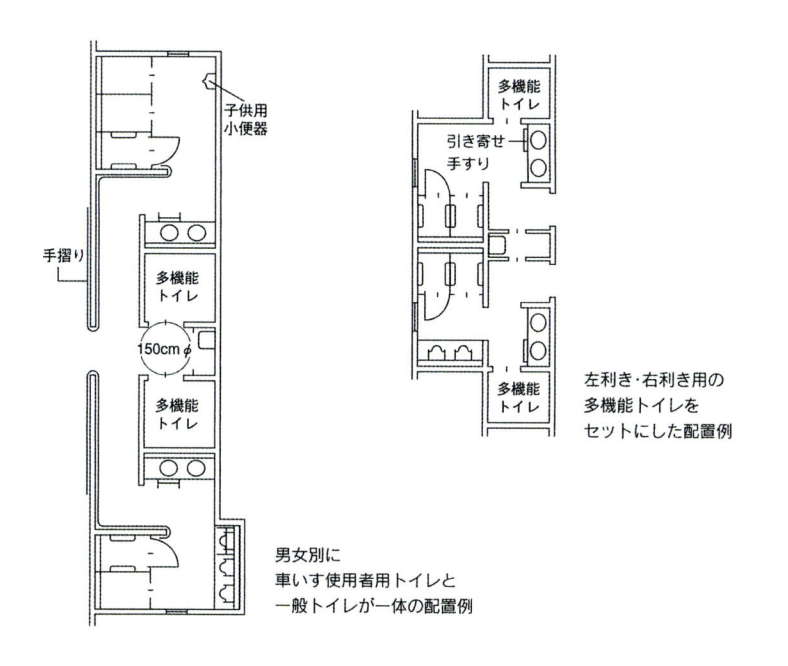

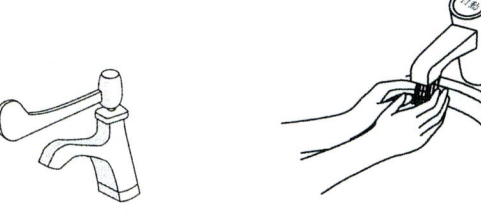

左利き・右利き用の
多機能トイレを
セットにした配置例

男女別に
車いす使用者用トイレと
一般トイレが一体の配置例

出典● 1-155

レバー式水栓器具の例　　自動水栓器具の例

設計のUDポイント	参考法令等	個々のニーズへの対応
案内表示に関する配慮 ・男女の別、トイレ内の機能等をわかりやすく表示する ・トイレの出入口等への点字等による案内表示の設置に考慮する	□ 2.7.2.(5) 表示：視覚障害者の利用に配慮して建物全体を案内する点字等による案内板等に、便所の位置及び男女の別を表示することが望ましい。また、便所の出入口には点字等による表示を行うことが望ましい。	
-2 多機能トイレ		
設置機能に関する配慮 ・必ず車いす使用者による使用が可能なものとし、適宜オストメイト、おむつ替えなどのための機能を付加する ・多機能トイレに設置する機能は、建物の用途や敷地周辺の整備状況を考慮し、必要性の高いものから優先順位を付けて整備する ・複数の多機能トイレを設置する場合は、左右の勝手、付加機能のバリエーション等にも配慮する	□ 2.7.1.② 多機能便房は、障害のある人もない人も利用しやすいように計画する。 □ 2.7.1.(4).⑤ 汚物流し等：オストメイトの利用に配慮してパウチ（排泄物をためておく袋）や汚れた物、しびん等を洗浄するための汚物流し、またはこれにかわる洗浄装置を設置することが望ましい。 ・（略）洗浄のため温水が出るようにすることが望ましい。	▼折り畳み式ベットが下りたままとなっていないかなど、こまめに点検を行う
スペース及び寸法の確保 ・車いすでの使用、介助者の同伴等が可能なように、十分なスペースの確保、寸法設定、レイアウト等に配慮する	□ 2.7.1.③ 便房は、（略）車いすの転回スペースの確保や介助者の同伴等多様な動作が可能なスペースを確保する。 □ 2.7.1.(4).④ 便器：便器の正面及び側面に移乗のためのスペース等を設ける。	
扉に関する配慮 ・扉は開閉ボタン付の自動扉（引き戸）又は引き戸とする ・扉の取っ手や鍵、自動扉の開閉ボタン等は、車いすに座ったままでも操作しやすい位置に設置し、操作が容易なものとする	○基準9.1.三 車いす使用者用便房及び当該便房が設けられている便所の出入口は、次に掲げるものであること。 イ 幅は、80cm以上とすること。 ロ 戸を設ける場合には、自動的に開閉する構造その他の車いす使用者が容易に開閉して通過できる構造とし、かつ、その前後に高低差がないこと。 □ 2.7.1.(4).② 便房の戸：（略）戸は引き戸が望ましく、可能であれば自動式引き戸とする。	**車いす** ●壁の入り隅に近寄ることが困難 ー自動扉の開閉ボタン、照明スイッチ等の設置位置は、車いすが出入口を通過しきった地点で、方向転換をせずに操作できるなど考慮する
設備に関する配慮 ・便器は腰掛け式とし、手すり、緊急通報用の呼出ボタン、洗面器を設置する ・便器の背もたれ、手荷物棚、便器から手の届く手洗い器、大きめの汚物入れなどの設置を考慮する ・介助によるおむつ交換等のため、大人が使用できるベッドの設置を考慮する ・オストメイト用に、汚物流し、サーモスタットシャワー水栓などの設置を考慮する ・子供連れ用に、乳幼児用いす、ベッドなどの設置を考慮する	□ 2.7.1.⑥ （略）手すりを設置し、ペーパーホルダー、緊急通報ボタン等が便座から及び車いすに座ったまま手の届く範囲に設置する。 □ 2.7.1.(4) 便器：座位を保てない人（略）に配慮し、背もたれを設けるとよい。 □ 2.7.1.(4) 手荷物棚、フック：（略）手荷物を置いたり（略）だけでなく、介助者が荷物を広げたり（略）脱いだ衣類やパウチを置いたり（略）複数箇所とすることが望ましい。 □ 2.7.1.(4) 位置：（略）便座から手の届く位置に手洗い器を設置することも有効である。 □ 2.7.1.(4).⑫ 一般のものより大きくし、便座から及び車いす（略）から手の届く範囲に設けることが望ましい。	

設計のUDポイント 解説

多機能便所の例

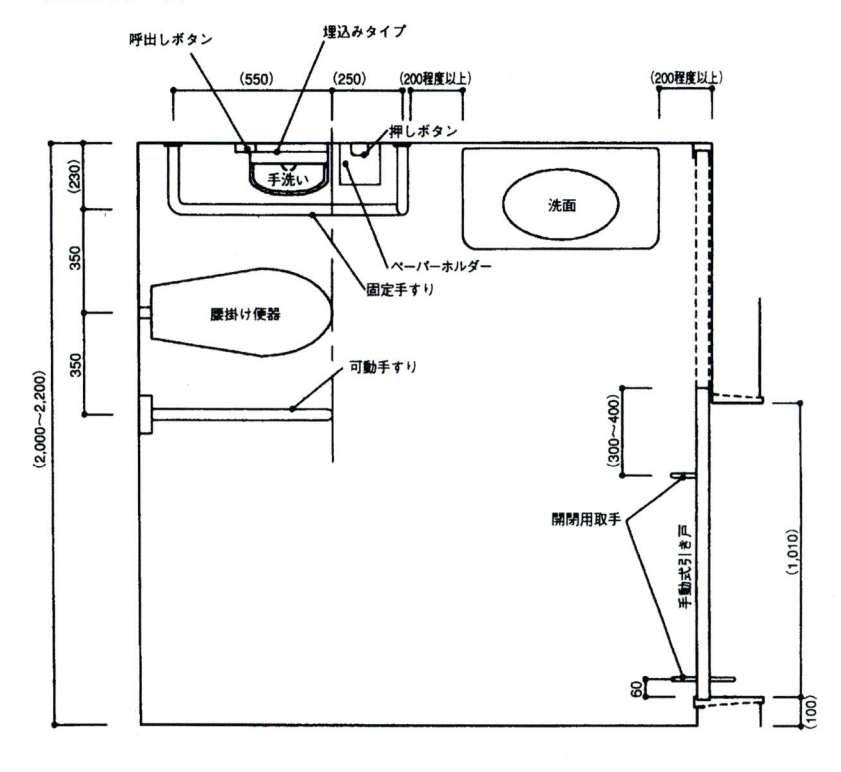

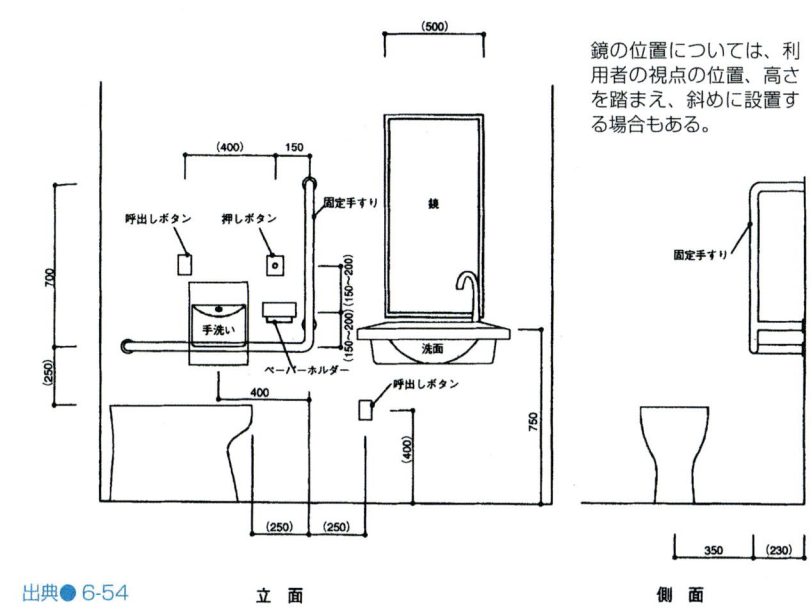

出典● 6-53

鏡の位置については、利用者の視点の位置、高さを踏まえ、斜めに設置する場合もある。

出典● 6-54　立面　側面

オストメイトに配慮した設備

出典● 6-55

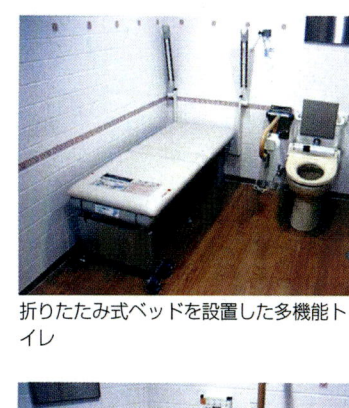

実　例

左右対称の2つのトイレがある扉

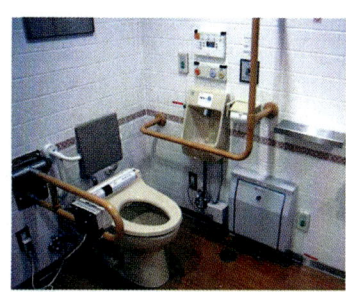

折りたたみ式ベッドを設置した多機能トイレ

多機能トイレの便器まわり

設計のUDポイント	参考法令等	個々のニーズへの対応
	□ 2.7.1.(4).⑤ 汚物流し等：オストメイトの利用に配慮してパウチ（排泄物をためておく袋）や汚れた物、しびん等を洗浄するための汚物流し、またはこれにかわる洗浄装置を設置することが望ましい。 ・（略）洗浄のため温水が出るようにすることが望ましい。 □ 2.13G.1.(1) 乳幼児用いす：便所には、乳幼児用いす等（略）を設けた便房を設けることが望ましい。 □ 2.13G.1.(2) 乳幼児用ベッド：乳幼児を同伴した者が利用する施設には、乳幼児用ベッド等乳幼児のおむつ替えができる設備を設けることが望ましい。 ・（略）必要に応じ大型ベッドの設置も考慮する。（略）	
案内表示に関する配慮 ・多機能トイレの機能を示す案内を表示	○政令19 移動等円滑化の措置がとられた（略）便所又は駐車施設の付近には、国土交通省令で定めるところにより、（略）便所又は駐車施設があることを表示する標識を設けなければならない。	
－３ 一般トイレ		
広めのブースの設置 ・広めのブースを適宜設け、車いす使用者、ベビーカーを使用する子供連れ、身体障害者補助犬同伴者などの利用に配慮する ・広めのブースの扉は、有効幅にゆとりをもたせ、引き戸又は外開きとする ・便器は腰掛け式とし、手すりを設置する ・手洗い器、手荷物を置く棚等の設置を考慮する	□ 2.7.2.① 多機能便房以外の便房においては、男女とも、各便所に１以上の車いす使用者も利用可能な腰掛け便座を設け、（略）手すりを設置して、便所扉は外開き戸又は引き戸等とすることが望ましい。	
大便器に関する配慮 ・腰掛け式を基本とする	□ 2.7.2.(3) 留意点：大便器：高齢者等の足腰の弱っている人にとって、和風便器の利用は困難を伴うため腰掛け便座が望ましい。	
男子用小便器に関する配慮 ・低リップの壁掛型又は床置き型とし、自動水洗を基本とする ・入口に近いものに手すりを設置する	○政令14.2 不特定かつ多数の者が利用し、又は主として高齢者、障害者等が利用する男子用小便器のある便所を設ける場合には、そのうち１以上に、床置式の小便器、壁掛式の小便器（受け口の高さが35cm以下のものに限る。）その他これらに類する小便器を１以上設けなければならない。 ○基準9.2 多数の者が利用する男子用小便器のある便所が設けられている階ごとに、当該便所のうち１以上に、床置式の小便器・壁掛式の小便器（受け口の高さが35cm以下のものに限る。）その他これに類する小便器を１以上設けなければならない。	**視覚** ●小便器の床に接している部分を足又は白杖で触れて位置を確認 ―低リップの壁掛型又は床置き型とする
－４ 洗面カウンター		
高さの設定 ・高さは、立位でも車いすでも利用できるように設定する。複数ある場合は高さの選択肢を設ける	□ 2.7.2.④ 洗面所における１以上の洗面台は、座位でも容易に使用できる高さ、使いやすい水栓の設置、車いすでひざ下が入るスペースの確保等の措置を講じて、車いす使用者に配慮したものとする。	

設計のUDポイント　解説	実　例
	多機能トイレサイン
多機能便房以外の車いす対応便房 ●直進進入の場合　　　　　●直進進入の場合2 （100cm程度）　　　　　　（140cm程度） はね上げ手すり 70〜75cmが利用しやすい L型手すり フラッシュバルブ（FL+85cm程度） 緊急通報ボタン（FL+100cm程度） ペーパーホルダー 緊急通報ボタン（FL+30cm程度） 介助スペースを確保することが望ましい 手洗器 乳幼児用いす 有効80cm以上 出典● 2-70	広めのブースを設け、車いす使用者等の利用に配慮した広い一般トイレ 汚物流し、乳幼児用いすを設置したトイレ
車いす使用者が利用しやすい洗面器 車いすが近接しやすい寸法 水栓が操作しやすい寸法 鏡高さ100cm程度 鏡下端高さ（カウンターの直上）65cm程度 ひざより下が入ることに配慮する 出典● 2-71	杖や傘の預けるフックの付いた洗面カウンター 車いす使用者のひざが入るスペースを設けたゆとりある洗面

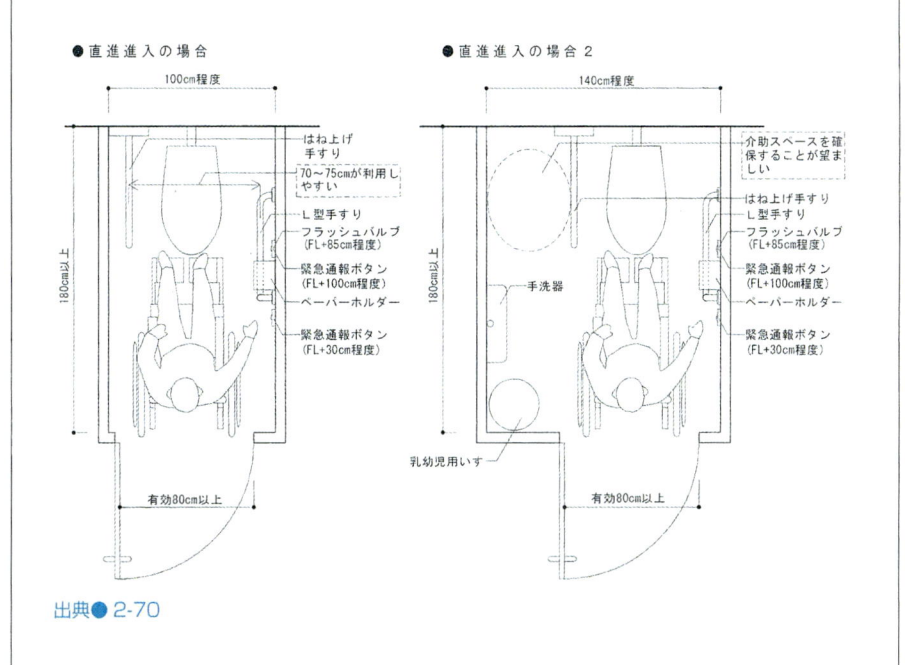

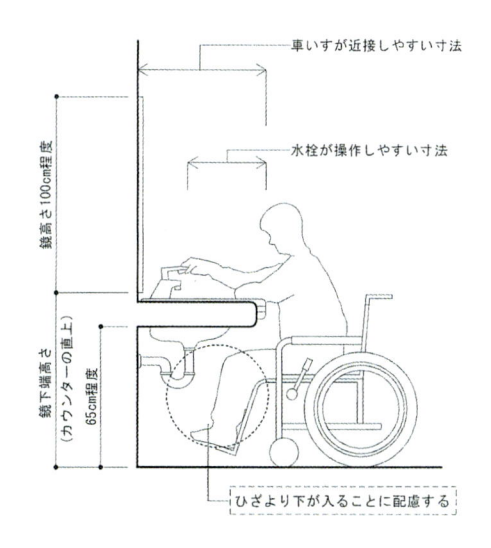

設計のUDポイント	参考法令等	個々のニーズへの対応
下部スペースの確保 ・洗面カウンター下部を開放として、車いす使用者のひざが入るよう考慮する		
手すりの設置等 ・手すりを設置するなど、寄りかかることができるように配慮する ・杖立、荷物置きスペース、掛けフックの設置等を考慮する	□ 2.7.2.(3).③ 洗面器：（略）1以上の洗面器には手すり等を設け、寄りかかれる等の配慮を行うことが望ましい。 □ 2.7.2.(3) 留意点：鏡フック等：洗面器の脇には、杖を立てかけるくぼみあるいはフックを設けることが望ましい。 □ 2.7.2.(3).④ 洗面所の鏡、備品：手荷物棚を設けることが望ましい。	
水栓に関する配慮 ・水栓は、自動水栓、柄の長いレバー式等操作の容易なものとし、蛇口は長めのものとする	□ 2.7.2.(3).③ 洗面器：水洗金具は、レバー式、光感知式等操作の容易なものとすることが望ましい。 ・吐水口の位置は、車いす使用者が利用しやすい位置に設けることが望ましい。	
⑤ 電話コーナー		
位置に関する配慮 ・わかりやすく、通行の支障にならない位置に設置する ・設置位置をサイン表示する	□ 2.13D.1.(1) 設置位置：（略）障害者に配慮した公衆電話を（略）わかりやすく使用しやすい位置に設置することが望ましい。	
高さの設定 ・高さは、立位でも車いすでも利用できる高さに設定する。複数ある場合は高さの選択肢を設ける	□ 2.13D.1.(2) 電話台等の寸法：車いす使用者に配慮した電話台等の寸法は以下の通りとすることが望ましい。 ①電話台の高さ 　イ　下端寸法　60～65cm程度 　ロ　上端寸法　70cm程度 ②足下の奥行き：45cm程度（ただし電話機の大きさによる） ③プッシュボタンの中心　位置の高さ：床から90～100cm程度	
下部スペースの確保 ・電話台下部スペースを開放として、車いす使用者のひざが入るよう考慮する		
手すりの設置等 ・手すりを設置するなど、寄りかかることができるように配慮する ・杖立、メモをとるスペース、荷物置きスペース、掛けフックの設置等を考慮する ・いすを設置するスペースを考慮する	□ 2.13D.1.(5) 留意点：公衆電話周辺の整備：（略）車いす使用者（略）高齢者・障害者等（略）荷物を持った人などにも使いやすいものとすることが望ましい。 ・（略）杖や傘を立てかけられるフックやくぼみ等を設けることが望ましい。	
設備に関する配慮 ・ファクシミリの設置を考慮する ・パソコンの使用を考慮する	□ 2.13D.1.(5) 留意点：公衆電話周辺の整備：聴覚障害者に配慮し、ファクシミリや通信モデム端子を持つ公衆電話を設置することが望ましい。	▼聴覚障害者が通信できるようにパソコンの接続端子のある電話機を設置する

設計のUDポイント 解説

電話台の基本寸法

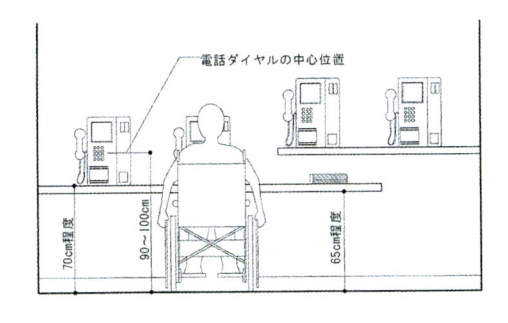

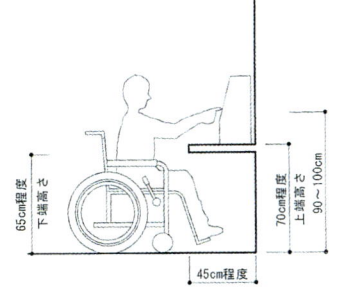

出典● 2-112

公衆ファックスを設けた電話コーナー

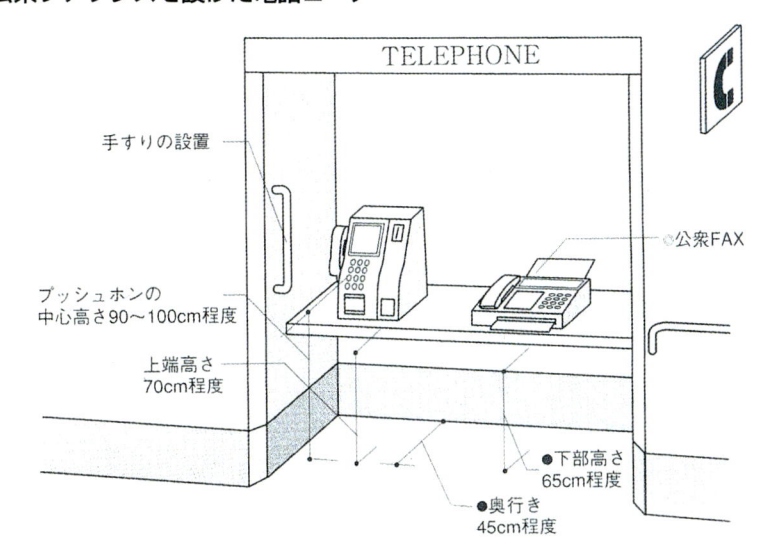

- 手すりの設置
- プッシュホンの中心高さ90〜100cm程度
- 上端高さ70cm程度
- 公衆FAX
- ●下部高さ65cm程度
- ●奥行き45cm程度

聴覚障害者が利用できる公衆FAXを整備する

出典● 1-160

実 例

杖や傘をたてかけるくぼみがある電話コーナー

2種類のカウンターを組み合わせた電話台

公衆電話と公衆FAXを併設

設計のUDポイント	参考法令等	個々のニーズへの対応
⑥ 水飲み器		
位置に関する配慮 ・わかりやすく、通行の支障にならない位置に設置する	□ 2.13E.1.(1) 水飲み器 ①飲み口高さ：70～80cm程度とすることが望ましい。 ②給水栓・光電管式、ボタン式又はレバー式とし、足踏み式のものは手動式のものを併設することが望ましい。 ③下部スペース：（略）下部に膝下が入るスペースを確保することが望ましい。 ④杖や傘を立てかけるフック等や腰掛、荷物を置ける台等を設けることが望ましい。 □ 2.13E.1.(3) 設置の配慮：（略）周辺には、車いす使用者が接近できるスペースを確保することが望ましい。	▼自動販売機などを設置する場合は、車いすや子供でも手が届く高さで使いやすいのものにする
高さの設定 ・立位でも車いすでも使用できるように、高さを2段階設けるよう配慮する		
下部スペースの確保流し台に関する配慮 ・車いす使用者が利用できる高さのものには、車いす使用者のひざの入るスペースの確保に配慮する		
⑦ 授乳室等		
プライバシーの確保 ・プライバシーが確保できる独立した室とする	□ 2.13G.1.(3) 授乳のためのスペース ・授乳のできる場所には、乳幼児用ベッド等を適切に配置し、おむつ替えもできるようにすることが望ましい。	
スペースの確保 ・いす、乳児用ベッド、荷物置場を設置し、ベビーカーが入ることのできるスペースを確保する ・男性の利用に配慮する	□ 2.13G.1.(3) 留意点：整備の配慮事項 ・母乳による授乳のためのスペースは、カーテンやついたて等によりプライバシーを確保し、腰掛を備える。 ・男性による哺乳ビンによる授乳にも配慮する必要がある。 ・乳幼児用ベッドや乳幼児用いす等の配置は、ベビーカー等の通行を妨げないように配慮する。	▼いす、乳児用ベッド等の家具を設置する
位置等に関する配慮 ・泣き声に配慮し、適切な位置に設置する。また必要に応じて、防音に配慮する		
給湯設備の設置 ・授乳の際の手洗いなどができるように、簡単な流しと給湯設備を設置する	□ 2.13G.1.(3) 留意点：整備の配慮事項 ・（略）給湯やほ乳瓶の消毒ができる設備を設けることがより望ましい。	
⑧ 喫煙室		
喫煙室の設置 ・受動喫煙防止措置として、全面禁煙又は分煙のうち分煙とする場合は、独立した喫煙室を設置する		▼全面禁煙とするか、分煙を徹底し、受動喫煙を防止する
分煙の徹底 ・喫煙室は、間仕切りにより区画し、換気設備、空気清浄設備等を設置とする		
⑨ 湯沸室		
流し台に関する配慮 ・高さは、立位でも車いすでも利用できる高さに設定する ・流し台下部スペースを開放として、車いす使用者のひざが入るよう考慮する ・水栓は、柄の長いレバー式とする		

設計のUDポイント　解説	実　例
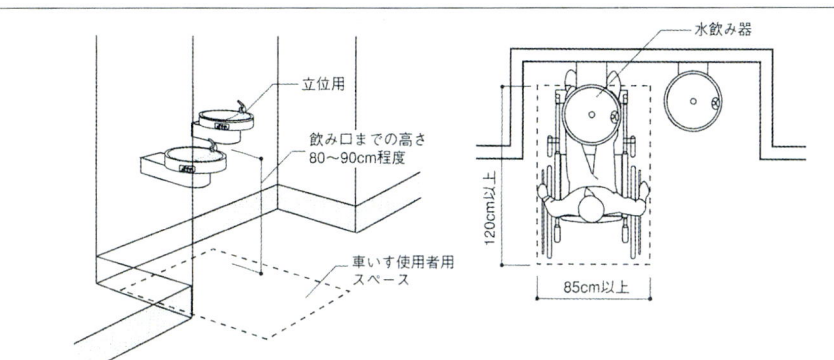 立位用／飲み口までの高さ 80〜90cm程度／車いす使用者用スペース／水飲み器／120cm以上／85cm以上　出典●1-161	 高さを2段階とした水飲み設備
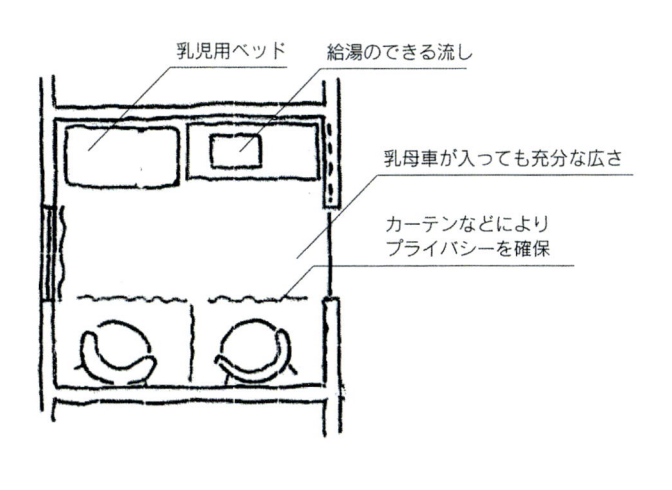 乳児用ベッド／給湯のできる流し／乳母車が入っても充分な広さ／カーテンなどによりプライバシーを確保	 流しと給湯設備のある授乳室／おむつ替えや授乳が出来る部屋とその奥に設けられた授乳用の個室 
	 車いす対応の喫煙設備
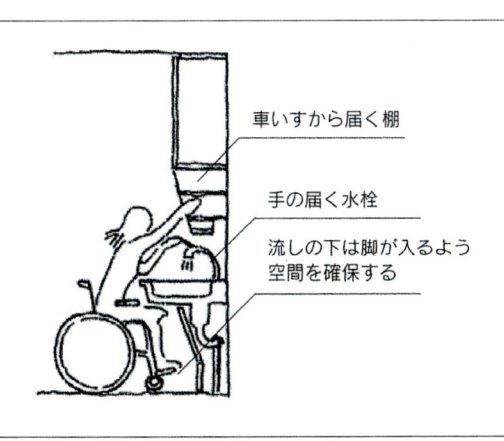 車いすから届く棚／手の届く水栓／流しの下は脚が入るよう空間を確保する	 水回りのユーティリティスペースを集約。車いす利用者でも手の届きやすい棚とひざが入るスペースを確保

設計のUDポイント	参考法令等	個々のニーズへの対応
⑩ 職員休養スペース		
休養スペースに関する配慮 ・業務内容や体調などに応じて、適切な休養をとれるように、休養スペースの確保を考慮する ・身体障害者等の利用に配慮する		
⑪ 食堂		
扉に関する配慮 ・出入口は有効幅にゆとりをもたせ、常閉の扉を設置する場合、原則として自動扉（引き戸）とする ・扉の向こうの様子が分かるよう配慮する		▼杖使用者などを適宜補助する ▼メニューは、サンプルや写真の表示、点字や外国語の併記に配慮する
セルフサービスカウンターに関する配慮 ・カフェテリア形式の場合、カウンターは立位でも車いす使用者でも利用できる高さとする ・カウンター上面はトレーを持ち上げずに移動できる滑りのよいものにして、レジまで連続させる		▼券売機などを設置する場合は、車いす使用者や子供でも手が届く高さで使いやすいのものとし、点字や外国語の併記、音声案内に配慮する
スペースの確保 ・車いす使用者や移動速度の異なる利用者等を考慮して、通路部や客席部はゆとりあるスペースを確保する		▼テーブルの配置は、車いす使用者等に配慮し、通路幅に余裕を持たせる

設計のUDポイント　解説

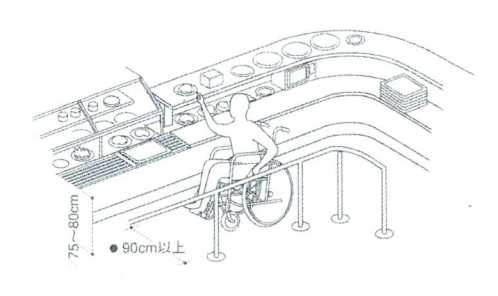

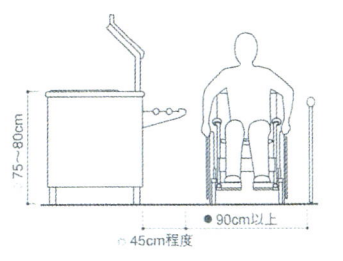

カフェテリアのカウンター　　カフェテリアの通路

出典● 1-168

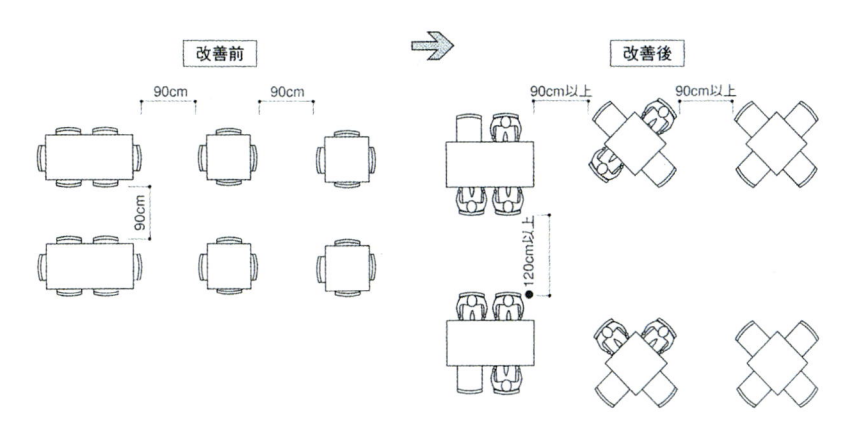

改善前　→　改善後

・テーブル間隔が狭く、車いすを利用した時はさらに狭くなる
・いすを利用した時も十分な通路幅員を確保する

出典● 1-169

実　例

車いすから移乗しやすい和室

通路部の広さを確保したテーブルのレイアウト

杖や傘の立てかけるくぼみがあるテーブル

設計のUDポイント	参考法令等	個々のニーズへの対応
⑫ スイッチ・コンセント		
高さ、位置の設定 ・立位でも車いす使用者でも届く高さ、位置に設置する ・同種のスイッチ、コンセント等の設置高さ、位置等は、建築物内で統一する	□ 2.13F.1.(1) 設置高さ：コンセントは40cm程度、スイッチ類（特殊なスイッチを除く）は110cm程度（ベッド周辺においては80～90cm程度）とすることが望ましい。（注：いずれも中心の高さである。） □ 2.13F.1.(2) 留意点：スイッチのデザイン：同一の建物内では、（略）統一した設置高さ、設置位置、デザインとすることが望ましい。	**車いす** ●手の届く高さは上限は低め、下限は高め、身体の周囲にスペースが必要 ースイッチは通常より低め、コンセントは高めに設置、いずれも壁の入り隅等には設置しないことが望ましい
スイッチの形状等に関する配慮 ・スイッチについては、操作しやすい大きさ、形状とする ・操作方法やオン・オフの状態がわかりやすいものとする	□ 2.13F.1.(2) 操作性：スイッチ、ボタン等は大型で操作が容易なものとすることが望ましい。	**視覚** ●位置、種類などを把握することが困難 ●パネルスイッチの表示内容が分からない ーオン・オフが触知できる形状、方式とする ースイッチの種類などを点字表記するー操作の内容等を知らせる音声・音響装置の設置を考慮する

設計のUDポイント 解説

コンセント、スイッチの高さの例

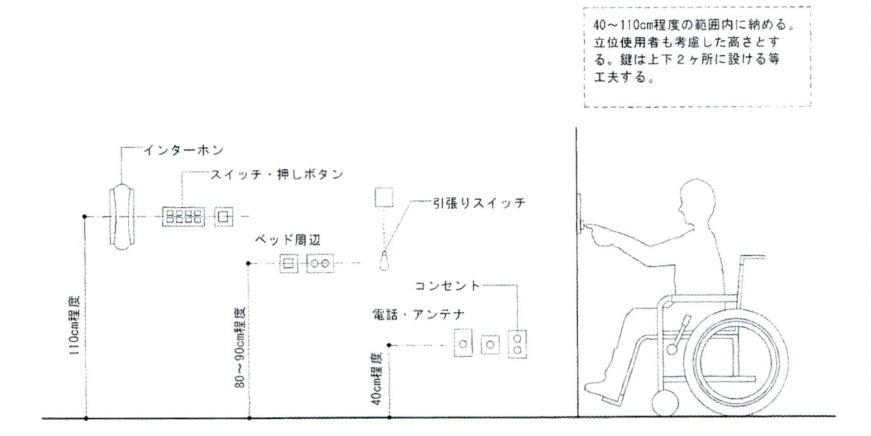

40～110cm程度の範囲内に納める。立位使用者も考慮した高さとする。鍵は上下2ヶ所に設ける等工夫する。

- インターホン：110cm程度
- スイッチ・押しボタン、ベッド周辺：80～90cm程度
- 引張りスイッチ、コンセント、電話・アンテナ：40cm程度

出典● 2-117

スイッチの設置場所

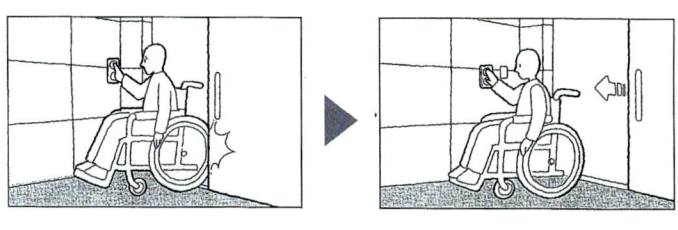

入り口に近いと車いすが入らない　→　扉から少し離すことで解決

実 例

大きめの照明スイッチ

（3）情報

基本原則（設計のポイント）

1 多角的方法による情報提供
- 視覚障害者を考慮した触知情報、音声・音響情報を提供する
- 聴覚障害者を考慮した視覚情報を提供する
- 外国人を考慮した外国語表記を併記する

2 単純明快でわかりやすい情報提供
- 必要な場所で必要な情報が得られる情報提供を行う
- はっきりと見える大きさ、形状、色、設置位置等により表示する
- 提供される情報の内容や表現を施設内で統一し、連続性のある計画とする

3 人による情報提供との調和

設計のUDポイント　項目

①視覚情報

②触知情報

③音声情報

④人的対応

凡例

参考法令等

○：バリアフリー新法
　（政令：施行令、基準：建築物移動等円滑化誘導基準）

□：高齢者・身体障害者等の利用を配慮した建築設計標準
　＜講習会テキスト＞

☆：その他

個々のニーズへの対応

●：特に留意すべき事項
－（解決方法の例）
▼：管理運営上の配慮

設計のUDポイント	参考法令等	個々のニーズへの対応
① 視覚情報		
案内・表示の設置 ・玄関ホールに総合案内板、EVホールに各階案内板の設置等を行う ・玄関から目的の場所までの経路上の要所に、目的の場所の方向を確認できるよう、案内板やサインを設置する	□2.13H.1.(1).① 仕様：視覚障害者誘導用ブロック等、案内板、サイン、音・音声や光による誘導が効果的に組み合わさるよう配慮する。 ② 設置位置：受付カウンターやエレベーターホール等の動線の要所には、わかりやすい案内表示を設置する。	**高齢者** ●青色系が黄ばんで見える傾向がある ―色彩及び明度の選択、対比に配慮する ▼設置物などでサインがかくれないよう配慮する ▼サインの近くの掲示物等によりサインの視認性をそこなわないよう配慮する
空間の特徴づけ ・誰にでもわかるように、色分けによる経路やゾーンの表示などに配慮する		
サインの大きさ、色彩等に関する配慮 ・遠くからでも認識しやすいように、サインの大きさ、文字や図と地の部分の色のコントラスト（明度差、彩度差）などを考慮する ・サインが見やすい照明計画とする	□2.13H.1.(1).① 仕様：案内板等の表示は大きめの文字や図を用いるなど、分かりやすいデザインのものとし、背景色の色及び明度の差に配慮することが望ましい。 ・障害者が利用可能な便所（略）等は案内板に表示することが望ましい。 ・白内障、高齢者の黄変化視界でもわかりやすいものとすることが望ましい。 ② 設置位置：逆光や反射グレアーが生じないように、案内板等の仕上げや、設置位置、照明に配慮することが望ましい。	
高さの設定 ・見る位置を想定し、立位でも車いすからでも見やすい高さ、位置に、適切な大きさのものを設置する ・移動経路に突き出して設置するものは、通行上の安全性にも考慮する	□2.13H.1.(1).② 設置位置：車いす使用者や視覚障害者の通行の妨げとならないよう配慮する。 ・掲出高さは、視点からの見上げ角度が小さく、かつ視点の低い車いす使用者にも見やすい高さとすることが望ましい。	
図記号に関する配慮 ・JIS規格（Z8210）があるものは、これを採用する	□2.13H.1.(2) サイン：案内板等に用いるサイン（図記号）は、標準化されたものを使用することが望ましい。	
文字による表示 ・子供や外国人にもわかるように、ふり仮名や外国語を併記する ・窓口など音声案内が基本の場合なども視覚情報による案内を行う	□2.13J.1.(2).②イ 電光表示板：聴覚障害者の利用に配慮し、利用者案内や呼び出し窓口には、電光表示板を設けることが望ましい。	
光等の視覚情報による案内 ・光等の視覚情報による案内、警報装置等の設置に配慮する		**聴覚** ●音による案内が聞こえない ―光など視覚情報による案内

設計のUDポイント 解説 | 実 例

標準案内用図記号

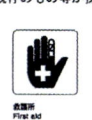

標準案内用図記号は125種類が定められているが、ここではその内の一部を紹介する（推奨度A及び推奨度Bの中から抜粋した）。
詳細及びこの他の図記号については、一般用図記号検討委員会の「標準案内用図記号ガイドライン」を参照のこと。
同ガイドラインには、使用上の注意も掲載されているので、必ず参照すること。
なお、※印のある図記号は、既存のもの等が採用されたものである。

〈推奨度A〉
案内所 Question & answer／情報コーナー Information／救護所 First aid／警察 Police／お手洗 Toilets／男子 Men／女子 Women／身障者用設備 Accessible facility（国際シンボルマーク）／車椅子スロープ Accessible slope／飲料水 Drinking water／消火器 Fire extinguisher／非常電話 Emergency telephone／非常ボタン Emergency call button／非常口 Emergency exit／障害物注意 Caution, obstacles【設】（文字による補助表示が必要）／上り段差注意 Caution, uneven access / up／下り段差注意 Caution, uneven access / down

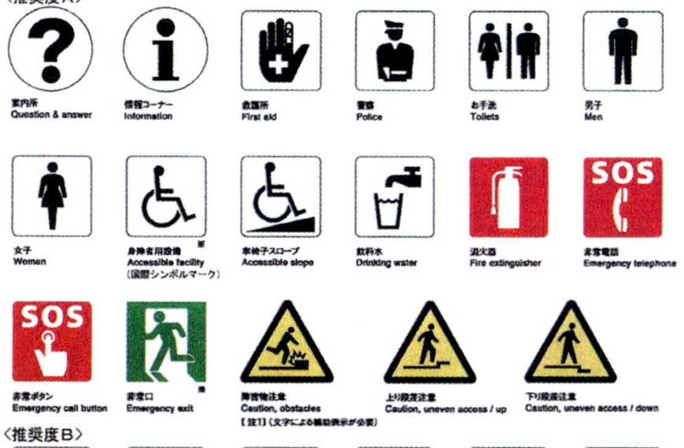

〈推奨度B〉
電話 Telephone／ファックス Fax／エレベーター Elevator／エスカレーター Escalator／階段 Stairs／乳幼児用設備 Nursery／水飲み場 Water fountain／くず入れ Trash box／タクシー／タクシーのりば Taxi / Taxi stop／駐車場 Parking／レストラン Restaurant／喫茶・軽食 Coffee shop／会計 Cashier

オストメイトに配慮した設備が設けられている便所に表示するマーク
オストメイトに配慮した設備を設けている便所には、右に示すマークを男性用、女性用の図記号と共に表示することが望ましい。

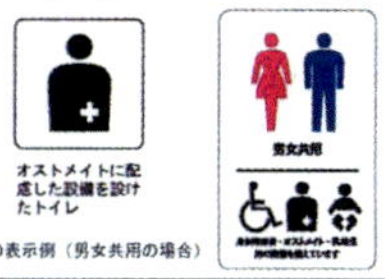

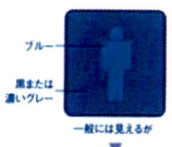

図❷ 高齢者の色覚
ブルー／黒または濃いグレー
一般には見えるが／暗くなってしまう
高齢者には見えにくい（見えない）

出典● 2-124

重要なエレメントを強調
同じ大きさの開口でも、重要な入り口には柱などデザインすることで強調する。
また、下がり壁を設け、サインを施すこともできる。

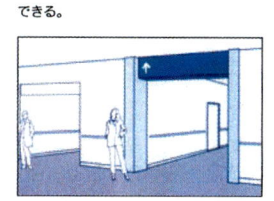

空間を特徴化するデザイン
子ども専用の施設や部門は、カラフルで楽しい入り口デザインを施すことにより、空間を特徴づける演出をする。

場所や道順を印象づける
移動した通路や道順を強く印象づけ、記憶できるランドマークとなるような植栽やアートワークを設置する。

ランドマークは、対象形ではなく、左右の方向性がわかるような形状に配置するのが効果的。

廊下の一部の壁をセットバックさせ、アートや家具、照明などで記憶に残る空間演出を施す。

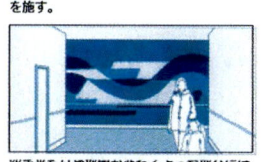

突き当たりや部門が変わるような部分には壁の色を変えたり、アートワークをほどこすことにより、移動の手がかりとなる。

サインを明るくし視覚ポイントにする
サインの照明はその存在と表示要素の視認性に配慮する。

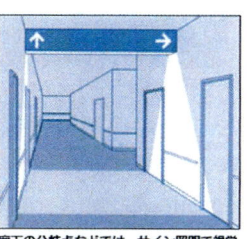

廊下の分岐点などでは、サイン照明で視覚的なポイントをつくる。

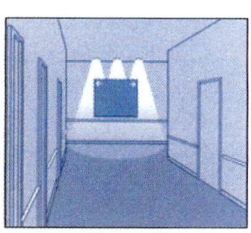

無照式サインを設置する場合は、あらかじめ十分な照度を確保する必要がある。

出典● 4

建物入口に設けられた認識しやすい総合案内板と触知案内板

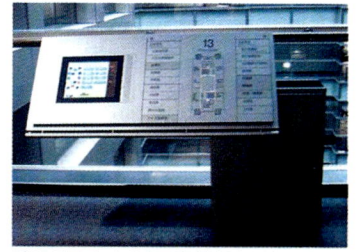

誰もが見やすく必要な情報を見つけられるサイン

ふり仮名と外国語を入れたサイン

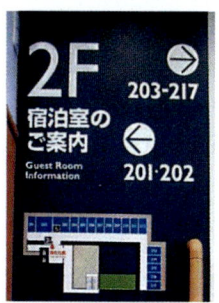

文字の大きさと色によるわかりやすいサイン

ドアに大きなサイン

わかりやすいトイレサイン

101

設計のUDポイント	参考法令等	個々のニーズへの対応
② 触知情報		
視覚障害者誘導用ブロック等の形状、材質等 ・視覚障害者誘導用ブロック等の形状は、JIS規格による ・歩行方向を誘導するため線状ブロック等、危険、方向転換、停止等を注意喚起するため点状ブロック等を使用する ・材質は敷設場所、周囲の床材料との対比を考慮し、視覚障害者が触知しやすいものとするとともに、適切な耐久性を確保する、滑りにくいものとするなど配慮する ・視覚障害者誘導用ブロック等の色は、黄色を原則とする。また、周囲の床仕上げ材との明度、色相又は彩度の差に配慮する	□ 2.13I.1.(1).① 形状：視覚障害者誘導用ブロック等は、JIS T 9251（略）による形状のものを使用する。 □ 2.13I.1.(1).② 色：視覚障害者誘導用ブロック等の色は、黄色を原則とする。弱視者が認知し易いよう、（略）床仕上げ材と視覚障害者誘導用ブロック等との明度差あるいは輝度比に配慮することが望ましい。	**歩行困難・車いす** ●視覚障害者誘導用ブロック等は、つまずきの原因、通行の支障となる ―視覚障害者誘導用ブロック等を回避して通行できる十分なスペースを確保する ―視覚障害者誘導用ブロック等の設置位置を工夫する ▼視覚障害者誘導用ブロック等の上に物を置くなどして通行に支障が生じないように管理する ▼汚れ等により視覚障害者誘導用ブロック等の輝度比や色が劣化しないよう保全する
視覚障害者誘導用ブロック等の敷設方法 ・触知性、視認性を確保するとともに、車いす等の支障とならないよう、十分かつ適切な敷設幅とする ・敷地出入口から受付等まで誘導するよう視覚障害者誘導用ブロック等を敷設 ・エレベーターの呼び出しボタン、室の出入口の前等への点状ブロック等の設置に考慮する ・階段やスロープの上端に近接する通路、踊場の部分に点状ブロック等を敷設する。階段やスロープの設置状況、誘導経路等を考慮し、適宜下部にも敷設する	○政令21.1 道等から第20条第二項の規定による設備又は同条第三項の規定による案内所までの経路（略）は、そのうち1以上を、視覚障害者が円滑に利用できる経路（この条において「視覚障害者移動等円滑化経路」という。）にしなければならない。（略） ○政令21.2.一 当該視覚障害者移動等円滑化経路に、視覚障害者の誘導を行うために、線状ブロック等（略）及び点状ブロック等を適切に組み合わせて敷設し、又は音声その他の方法により視覚障害者を誘導する設備を設けること。（略） 二 当該視覚障害者移動等円滑化経路を構成する敷地内の通路の次に掲げる部分には、視覚障害者に対し警告を行うために、点状ブロック等を敷設すること。 イ 車路に近接する部分。 ロ 段がある部分又は傾斜がある部分の上端に近接する部分（略） ○政令11 不特定かつ多数の者が利用し、又は主として高齢者、障害者等が利用する廊下等は、次に掲げるものでなければならない。 二 階段又は傾斜路（略）の上端に近接する廊下等の部分（略）には、（略）点状ブロック等（略）を敷設すること。（略）（基準3.1.三 多数の者が利用する廊下等について同様） ○政令12 不特定かつ多数の者が利用し、又は主として高齢者、障害者等が利用する階段は、次に掲げるものでなければならない。 五 段がある部分の上端に近接する踊場の部分（略）には、（略）点状ブロック等を敷設すること。（略）（基準4.1.八 多数の者が利用する階段について同様） ○政令13 不特定かつ多数の者が利用し、又は主として高齢者、障害者等が利用する傾斜路（略）は、次に掲げるものでなければならない。 四 傾斜がある部分の上端に近接する踊場の部分（略）には、（略）点状ブロック等を敷設すること。（略）（基準6.1.七 多数の者が利用する傾斜路について同様）。 □ 2.13I.1.(1).③ 敷設幅：30cm以上とすることが望ましい。	

設計のUDポイント　解説	実　例

出典● 1-136

視覚障害者誘導用ブロック等

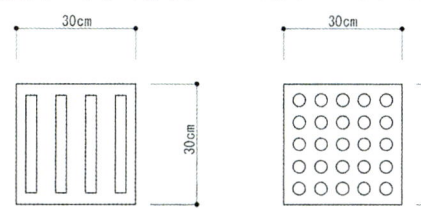

● 線状ブロック（誘導）　　● 点状ブロック（警告・注意・喚起）

● 経路分岐点における標準的な敷設方法の例

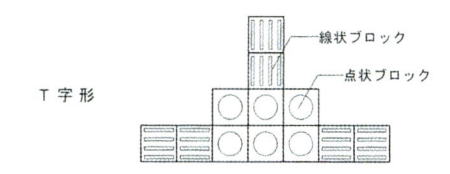

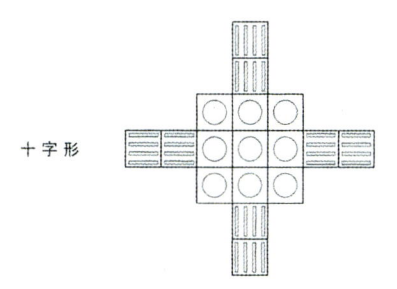

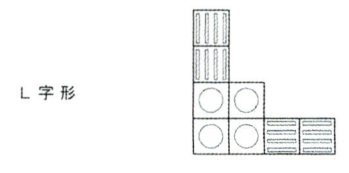

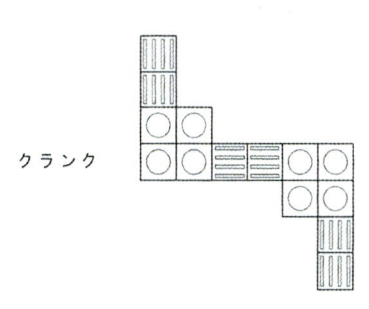

T字形

十字形

L字形

クランク

出典● 2-128

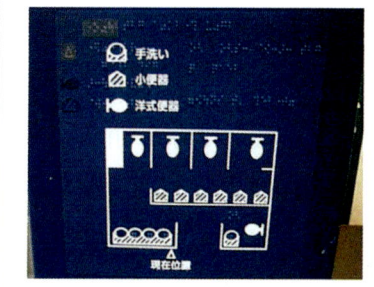

触知もできるトイレ配置案内サイン

触知もできる室名案内サイン

触ってわかるサイン

LEDランプを設置し、視認性を高めた点状ブロック床材

設計のUDポイント	参考法令等	個々のニーズへの対応
点字等の設置 ・表記方法、設置方法、形状等について、規格があるものは、これを採用する ・数字による情報等については、浮出し文字（一般の数字の形を浮出しにして触察できるようにしたもの）をあわせて表示する ・墨字を併記する ・触知しやすく、触感や指の滑りがよく、耐久性のある材料、仕上げとする ・外部に設置するものの材質等については、寒暖による温度変化などにも配慮する ・触知しやすい高さ、角度に設置する ・同種の表示は、一定の位置に設置する ・階段手すりに、現在階の階数とフロア情報などを表示する ・廊下手すりの部屋出入口の左右に、室名を表示する ・スイッチの横にその種類を表示するなど配慮する ・案内図は触知でもわかるように配慮し、視覚障害者誘導用ブロック等による誘導に配慮する	□2.5.1.(5).②　点字表示：（略）手すりの水平部分に現在位置及び上下階の情報等を点字表示する。 ・（略）手すりの端部、廊下の曲がり角の部分等には、現在位置及び誘導内容等を点字表示することが望ましい。	**視覚** ●全ての視覚障害者が点字を読めるわけではない ―音声・音響による誘導に配慮する ▼点字等に汚れ、破損がないか、こまめに点検し、清掃、補修を行う
仕上げ材による工夫 ・床仕上げの感触の違いを利用した誘導を考慮する		

設計のUDポイント　解説	実　例
	誘導ブロックの代わりとなるカーペットを敷設し、床仕上げの感触の違いを利用した誘導

設計のUDポイント	参考法令等	個々のニーズへの対応
③ 音声情報		
音声による案内 ・エレベータにおける到着階、昇降方向等の音声案内を設置する	○基準7.6 （略）不特定かつ多数の者が利用し、又は主として視覚障害者が利用するエレベーター及びその乗降ロビーは、（略）次に掲げるものでなければならない。（略） 一 かご内に、かごが到着する階並びにかご及び昇降路の出入口の戸の閉鎖を音声により知らせる装置を設けること。 三 かご内又は乗降ロビーに、到着するかごの昇降方向を音声により知らせる装置を設けること。	
音響による案内・警報 ・自動車の出庫を知らせる警報装置、玄関の位置を知らせる音響装置等の設置に配慮する	□2.3.1.⑫ （略）視覚障害者誘導用ブロック等や音声による誘導等により視覚障害者の受付カウンター、インターホン等の案内設備への誘導に配慮する。 □2.3.1.(3).③ 音による案内：視覚障害者の利用に配慮して、（建物出入口に）音による案内を設ける場合には、戸の直上に設置することが望ましい	**聴覚** ●音による情報伝達は困難 ―警報は、音と光などの併用が望ましい

設計のUDポイント　解説

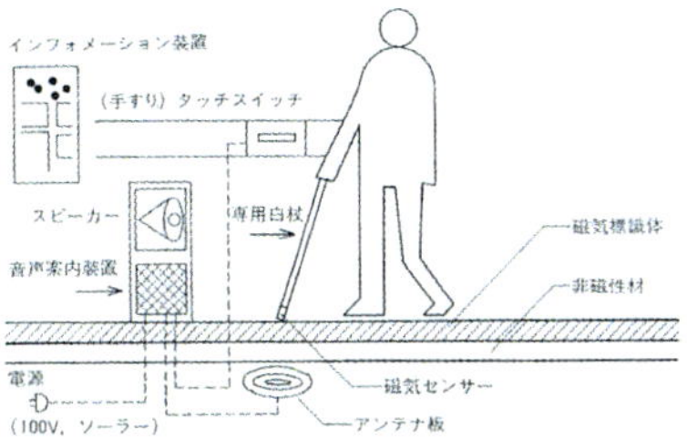

視覚障害者の基本誘導システムの構成例　(資料：日本道路)

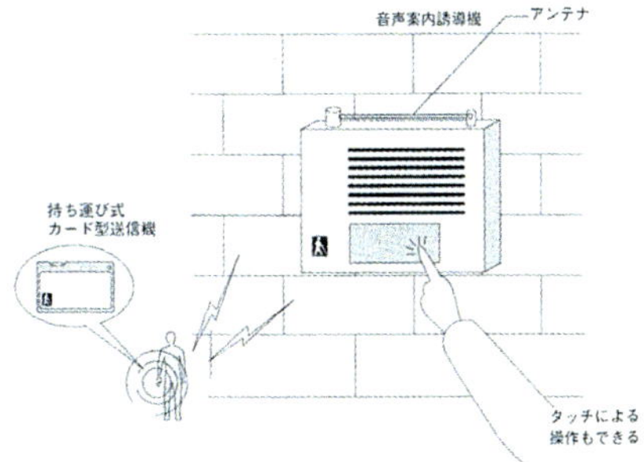

出典● 1-164

● 磁気誘導式

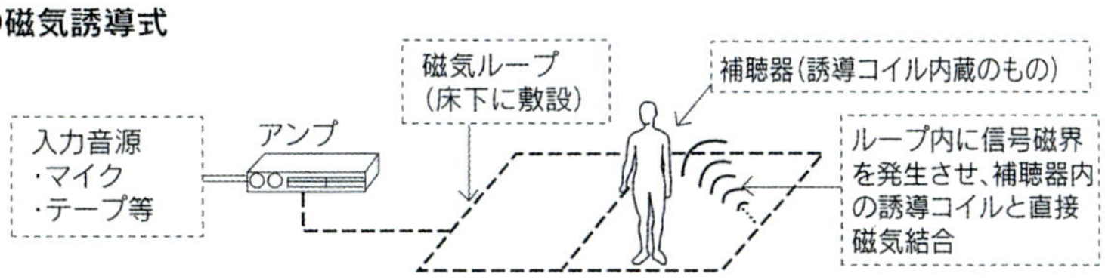

● 光線式

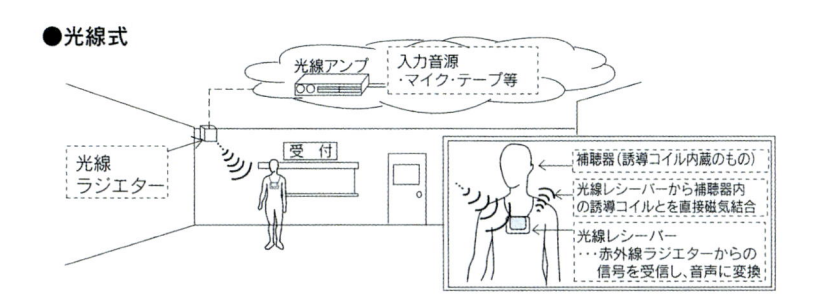

実　例

建物外構音声案内つきサイン

手話映像と音声案内

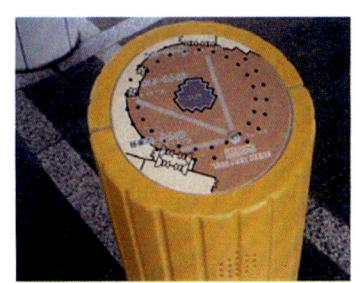

音声誘導装置を併用した触知でもわかるサイン

設計のUDポイント	参考法令等	個々のニーズへの対応
④ 人的対応		
受付等への誘導 ・案内対応者のいる受付等に誘導するよう視覚障害者誘導用ブロック等を敷設 ・玄関付近への呼び出し装置、トイレ等への緊急通報用の呼び出し装置等の設置を考慮する	□ 2.3.1.⑫　建築物の出入口付近に受付カウンターやインターホン等の案内設備を設ける。この場合、視覚障害者誘導用ブロック等や音声による誘導等により視覚障害者の受付カウンター、インターホン等の案内設備への誘導に配慮する。	▼視覚障害者には、人的な案内を行う ▼聴覚障害者には、筆記板等を用意して対応する ▼適宜点字、外国語による表記を行った施設内の案内パンフレット等を用意する
非常時の対応 ・非常時に救助を求める連絡が可能となるよう、一時避難スペース等に防災センターなどとの間で双方向で連絡のとれるインターフォン等を設置する	□ 2.12.1.(3).ニ　インターホン：一時避難施設には助けを求めたり、状況を伝えたりするためにインターホンを設置する。	**聴覚** ●音声による情報伝達が困難 ―画像や文字情報により情報伝達が行えるようモニターの設置を考慮する。なお、少なくとも通報したことが伝わっていることを知らせる表示装置等を設置する ▼非常時の対応について職員に徹底する

| 設計のUDポイント 解説 | 実 例 |

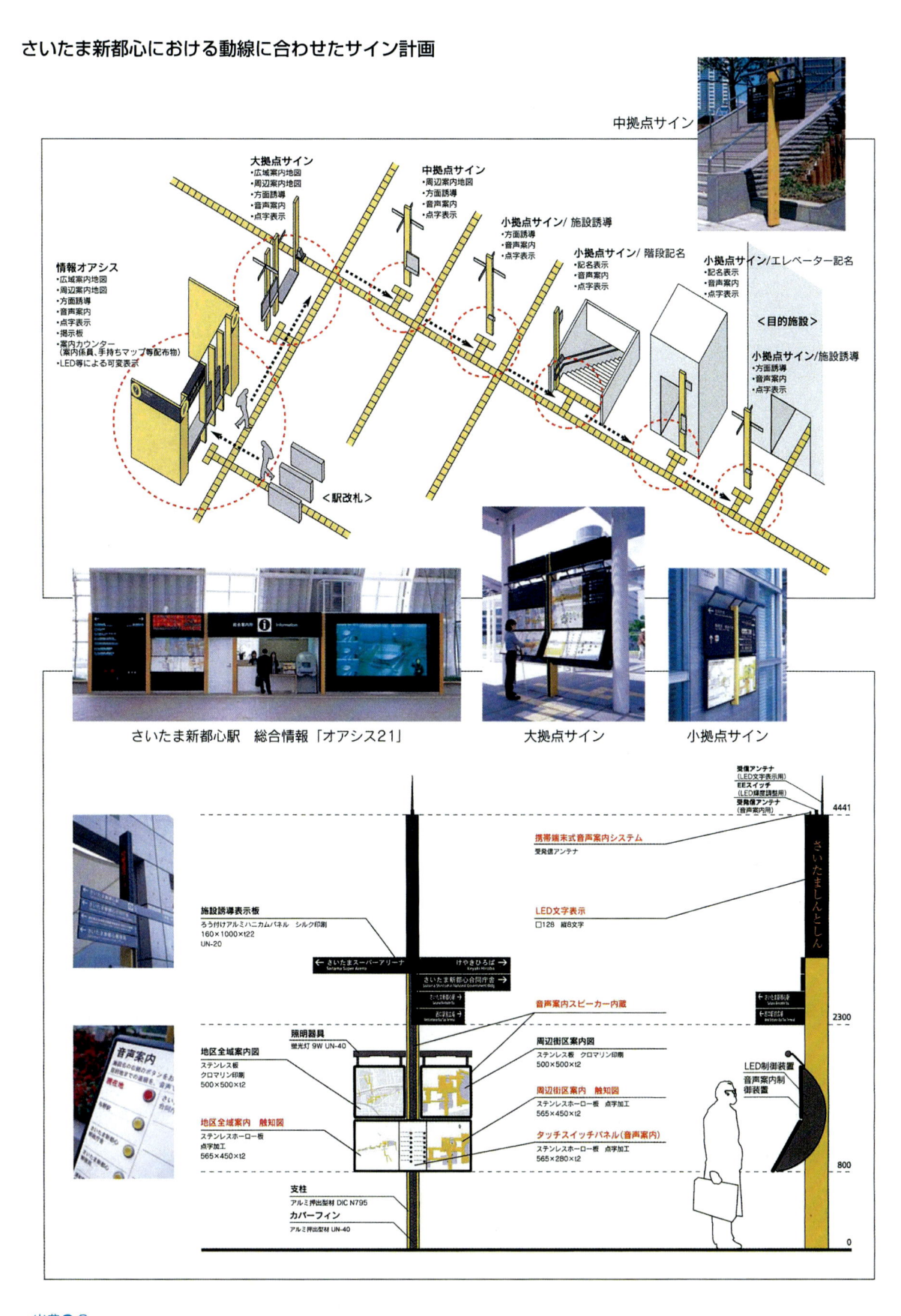

さいたま新都心における動線に合わせたサイン計画

中拠点サイン

大拠点サイン
・広域案内地図
・周辺案内地図
・方面誘導
・音声案内
・点字表示

中拠点サイン
・周辺案内地図
・方面誘導
・音声案内
・点字表示

小拠点サイン/施設誘導
・方面誘導
・音声案内
・点字表示

小拠点サイン/階段記名
・記名表示
・音声案内
・点字表示

小拠点サイン/エレベーター記名
・記名表示
・音声案内
・点字表示

情報オアシス
・広域案内地図
・周辺案内地図
・方面誘導
・音声案内
・点字表示
・掲示板
・案内カウンター
（案内係員、手持ちマップ等配布物）
・LED等による可変表示

小拠点サイン/施設誘導
・方面誘導
・音声案内
・点字表示

＜駅改札＞　＜目的施設＞

さいたま新都心駅　総合情報「オアシス21」　　大拠点サイン　　小拠点サイン

受信アンテナ（LED文字表示用）
EEスイッチ（LED輝度調整用）
受発信アンテナ（音声案内用）
4441

携帯端末式音声案内システム
受発信アンテナ

LED文字表示
□128　縦6文字

施設誘導表示板
ろう付けアルミハニカムパネル　シルク印刷
160×1000×t22
UN-20

音声案内スピーカー内蔵

照明器具
蛍光灯 9W UN-40

地区全域案内図
ステンレス板　クロマリン印刷
500×500×t2

周辺街区案内図
ステンレス板　クロマリン印刷
500×500×t2

周辺街区案内　触知図
ステンレスホーロー板　点字加工
565×450×t2

2300

LED制御装置
音声案内制御装置

地区全域案内　触知図
ステンレスホーロー板　点字加工
565×450×t2

タッチスイッチパネル（音声案内）
ステンレスホーロー板　点字加工
565×280×t2

支柱
アルミ押出型材 DIC N795

カバーフィン
アルミ押出型材 UN-40

800

0

出典●3

（4）環境

基本原則（設計のポイント）

1 身体感覚にも配慮した快適な環境を提供
- 見やすさを考慮した光環境とする
- 聞きやすさを考慮した音環境とする
- 快適性を考慮した熱環境、空気質環境とする

設計のUDポイント　項目

① **光環境**

② **音環境**

③ **熱環境**

④ **空気質環境**

凡例

参考法令等

○：バリアフリー新法
（政令：施行令、基準：建築物移動等円滑化誘導基準）

□：高齢者・身体障害者等の利用を配慮した建築設計標準
＜講習会テキスト＞

☆：その他

個々のニーズへの対応

●：特に留意すべき事項
　―（解決方法の例）
▼：管理運営上の配慮

設計のUDポイント	参考法令等	個々のニーズへの対応
① 光環境		
照度の設定 ・十分な明るさを確保する ・極端な明暗の差が生じない照明計画とする		**すべて** ●夜間の外部環境においても適切な照度が確保されていないと、衝突、つまずき等の危険がある ―適切な照度を確保する
光源の色温度の設定 ・照明を白色系とするなど、色温度に配慮する		**高齢者** ●光源の色温度によって、暗く感じる傾向がある ―照明を白色系とするなどの工夫をする
照明の設置位置 ・下方からの照明は、近くにある段差や突起を見えにくくするので、配置や配光に配慮する		
グレアの防止 ・反射によるグレアを防止するため、床仕上げ材は光沢のあるものを避ける		
② 音環境		
吸音・遮音に関する配慮 ・吸音や反響に配慮し、必要な音が明快に聞こえる環境を整える		**聴覚** ●ホール等天井の高い開放空間は音が広がり、聞き取りにくい
音響設備に関する配慮 ・音量、音質に配慮する		**視覚** ●ホール等天井の高い開放空間では、音源定位が不明確となる ―適切な音響設計に配慮する ▼職員の対応では、筆談を併用する、口元を大きくはっきり動かす等の配慮を行う
③ 熱環境		
温湿度の設定 ・急激な温度変化によるヒートショックを少なくする		
気流に関する配慮 ・待合や執務室などでは、冷風や温風が直接人に当たらないよう吹出口を配置する		
温度分布に関する配慮 ・輻射、日射等による寒暖の差が生じないように配慮する		

| 設計のUDポイント　解説 | 実　例 |

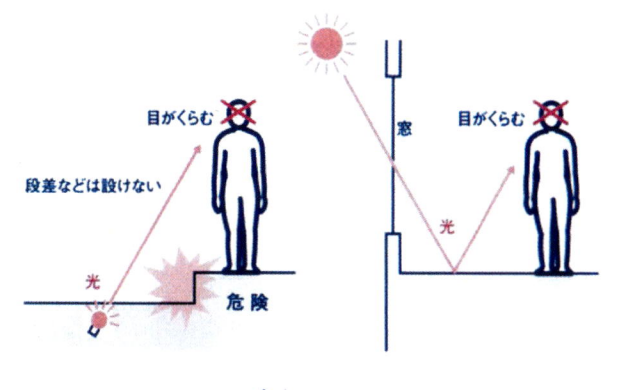

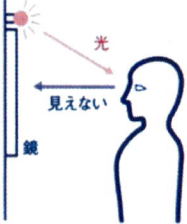

図解:
- 目がくらむ／段差などは設けない／光／危険
- 窓／目がくらむ／光
- 光／見えない／鏡

出典●3

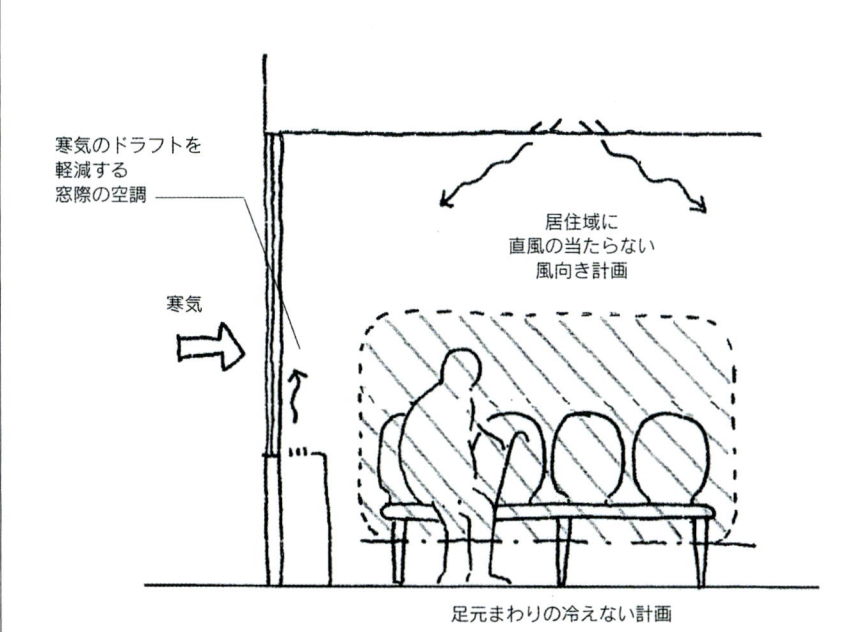

- 寒気のドラフトを軽減する窓際の空調
- 寒気
- 居住域に直風の当たらない風向き計画
- 足元まわりの冷えない計画

まぶしさに配慮した照明計画

113

設計のUDポイント	参考法令等	個々のニーズへの対応
④ 空気質環境 **空気質環境に関する配慮** ・適切なシックハウス対策、分煙対策等により、適切な空気質環境を確保する	☆建築基準法　第28条　二　居室には換気のための窓その他の開口部を設け、その換気に有効な部分の面積は、その居室の床面積に対して、二十分の一以上としなければならない。ただし、政令で定める技術的基準に従って換気設備を設けた場合においては、この限りでない。 ☆建築物における衛生的環境の確保に関する法律施行令　第2条　一　空気環境の調整は、次に掲げるところによること。 　イ　空気調和設備（略）を設けている場合は、厚生労働省令で定めるところにより、居室における次の表の各号の上欄に掲げる事項がおおむね当該各号の下欄に掲げる基準に適合するように空気を浄化し、その温度、湿度又は流量を調節して供給をすること。 　（表中基準の例：七　ホルムアルデヒドの量：空気1m³につき0.1mg以下） ☆健康増進法　第25条　学校、体育館、病院、劇場、観覧場、集会場、展示場、百貨店、事務所、官公庁施設、飲食店その他の多数の者が利用する施設を管理する者は、これらを利用する者について、受動喫煙（室内又はこれに準ずる環境において、他人のたばこの煙を吸わされることをいう。）を防止するために必要な措置を講ずるように努めなければならない。	

設計のUDポイント　解説	実　例
設計のUDポイント　解説	実　例

(5) 安全

基本原則（設計のポイント）

1 安全に避難できるように考慮した防災、避難計画
- 余裕のある防災、避難計画とする
- 一時避難スペースを設置する

2 多角的手段による確実な情報伝達
　※非常時については、施設面の対応のみでは限界がある
　※人的対応が必須となるため、非常時の対応について職員に徹底し、
　　移動制約者の補助の体制確保が必要である

**3 来庁者及び執務者の利用可能な空間における
　 自由な移動の確保と必要な防犯性確保との両立を図る**

設計のUDポイント　項目

① **避難**

② **防犯**

凡例

参考法令等

- ○：バリアフリー新法
　　（政令：施行令、基準：建築物移動等円滑化誘導基準）
- □：高齢者・身体障害者等の利用を配慮した建築設計標準
　　＜講習会テキスト＞
- ☆：その他

個々のニーズへの対応

- ●：特に留意すべき事項
　　－（解決方法の例）
- ▼：管理運営上の配慮

設計のUDポイント	参考法令等	個々のニーズへの対応
① 避難		
多角的な情報伝達 ・音声放送、光の点滅による警報、文字放送等を用いて来庁者及び職員に対し、多角的に伝達する	□ 2.12.1.③ 非常用警報装置は、視覚障害者、聴覚障害者に対応したものを設置する。 □ 2.12.1.⑤ （略）視覚障害者、聴覚障害者に配慮して、音声誘導、フラッシュライト等による誘導を併せて行う。安全確保に配慮する	**視覚** ●視覚による情報伝達が困難 ―音声により、災害の発生や状況、避難方向の伝達を行う ―弱視者のために、光走行式避難誘導装置などを設置する **聴覚** ●音声による情報伝達が困難 ―点滅警報、文字放送などを要所ごとに設置する ―光走行式避難誘導装置などを設置する **歩行困難・車いす** ●フロア間の自力移動は困難 ――時避難スペースまでの避難経路の確保に配慮する
避難経路の確保 ・余裕を持った防災、避難計画とする ・避難階段、一時避難スペースへの想定される避難経路には段差を設けない ・開けやすく通りやすい防火扉とする ・非常時に避難経路に障害物が生じないよう、ガラスは強化ガラスや飛散防止フィルム張りとするなどの対策を行う	□ 2.12.1.① 分かりやすい動線計画とし、ゆとりあるスペースを確保する。 □ 2.12.1.② 想定される避難経路は、段を設けない。	
一時避難スペースの確保 ・移動制約者が安全に救助を待つことができる一時避難スペースを、各階に確保する ・一時避難スペースは、非常階段等の踊り場、避難バルコニーなど救助の手が届きやすい場所に、避難距離やルートを考慮しつつ計画する ・防災センターなどとの間で双方向で連絡のとれるインターホン等を設置する	□ 2.12.1.④ 階段や廊下等に、非常時に待機できる安全な一時避難施設を設置する。 □ 2.12.1.(3).イ 設置場所：階段の踊場、階段に隣接したバルコニー、階段の付室に設置することが考えられる。この場合、設置する場所は、救助を待つために必要な耐火性能や遮煙・遮炎性能等を有するものとする。 □ 2.12.1.(3).ニ インターホン：一時避難施設には、助けを求めたり、状況を伝えたりするためにインターホンを設置する。	**歩行困難・車いす** ●バルコニー等への出入口には段差が設けられる場合が多く、通行の支障となる ――時避難スペースとなる避難バルコニー等への出入口については、雨じまい等にも十分留意しつつ、段差を設けないなど車いす使用者の通行に配慮する **聴覚** ●音声による情報伝達が困難 ―画像や文字情報により情報伝達が行えるようモニターの設置を考慮する。なお、少なくとも通報したことが伝わっていることを知らせる表示装置等を設置する ▼非常時の対応について職員に徹底する ▼訓練を実施するなど、補助の体制を整える
② 防犯		
立入範囲の設定 ・適切なゾーニング ・来庁者が利用する場所と、立ち入りを制限する場所との間で日常動線が交錯しないようなゾーン計画とする		
自然監視等の工夫 ・自然に監視ができるような建築計画とする ・特に人の目が届きにくいエレベーター、トイレ等については、設置する位置や人の出入りの様子等がわかるような工夫を考慮する ・外部空間については、植栽や囲障等により死角を作らないように配慮し、適切な見通しを確保する。また、適切な夜間照明の設置に配慮する		
防犯システムに関する配慮 ・適切な防犯システムの設置等により、防犯性を確保するとともに、来庁者等の安全確保に配慮する		

| 設計のUDポイント 解説 | 実 例 |

設計のUDポイント 解説

点滅式誘導音付加誘導灯（壁埋め込み型）

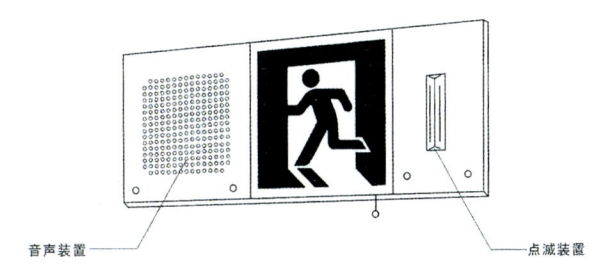

音声装置 — 点滅装置

点滅型誘導灯（天井直付型）

点滅装置

出典● 2-132

階段の一時待機スペースの例

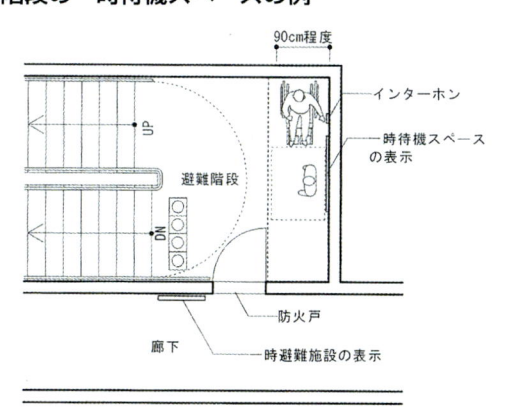

- 90cm程度
- インターホン
- 一時待機スペース の表示
- 避難階段
- 防火戸
- 廊下
- 一時避難施設の表示

バルコニー等の一時待機スペースの例

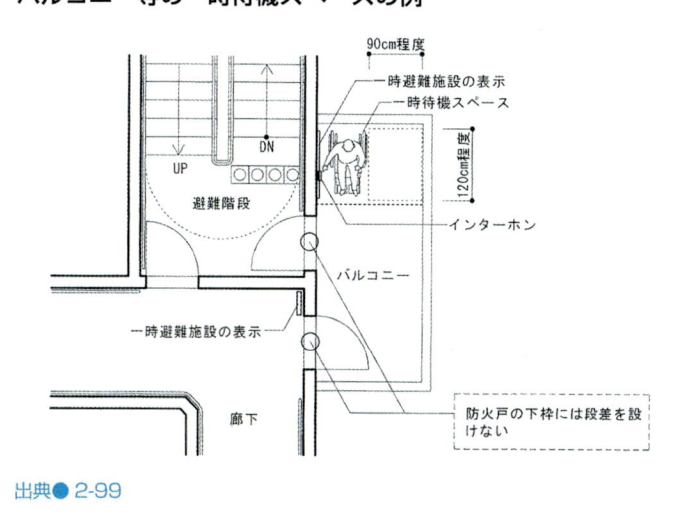

- 90cm程度
- 一時避難施設の表示
- 一時待機スペース
- 120cm程度
- 避難階段
- インターホン
- バルコニー
- 一時避難施設の表示
- 廊下
- 防火戸の下枠には段差を設けない

出典● 2-99

実 例

段差のないバルコニー出入口

建物内の要所に電光掲示板を設置し、非常時の視覚に訴える光ライトを点滅し、状況を文字情報で放送

火災発生時等、状況を文字情報で放送

フラッシュライトを併設した誘導灯

火災発生時に火元から遠ざかる方向に誘導する、床埋込型の避難誘導システム

参考文献

〈引用文献〉

1. 高橋儀平：高齢者・障害者に配慮の建築設計マニュアル（彰国社　平成8年）

2. 国土交通省編集：高齢者・身体障害者等の利用を配慮した建築設計標準〈講習会テキスト〉（人にやさしい建築・住宅推進協議会　平成15年2月）

3. 季刊UD誌

4. 病院サイン計画指針（平成14年3月）

5. 東北地方整備局岩手工事事務所

6. 国土交通省大臣官房官庁営繕部監修　建築設計基準及び同解説（平成18年10月）

〈資料提供〉

国土交通省（官庁営繕部）

埼玉県総合政策部文化振興課

（財）大阪府地域福祉推進財団　国際障害者交流センター

熊本県土木部建築課

参考資料　　政令・省令　新旧対比表

	新	旧
参考資料1	「高齢者、障害者等の移動等の円滑化の促進に関する法律施行令」	「高齢者、身体障害者等が円滑に利用できる特定建築物の建築の促進に関する法律施行令」
参考資料2	「高齢者、障害者等が円滑に利用できるようにするために誘導すべき建築物特定施設の構造及び配置に関する基準を定める省令（建築物移動等円滑化誘導基準）」	「高齢者、身体障害者等が円滑に利用できる特定建築物の建築の促進に関する法律施行規則」

【高齢者、障害者等の移動等の円滑化の促進に関する法律（バリアフリー新法）について】
（平成 18 年 6 月 21 日公布、同年 12 月 20 日施行）

　ハートビル法及び交通バリアフリー法の統合及び所要の措置の拡充を行う、「高齢者、障害者等の移動等の円滑化の促進に関する法律」（平成 18 年法律第 91 号、以下、「バリアフリー新法」という。）が成立し、同法の施行に伴い、「高齢者、障害者等の移動等の円滑化の促進に関する法律施行令」が制定され、平成１８年１２月２０日施行されました。
　建築物に関する法律・政令・省令は次の通りです。

＜法律関係＞
〇高齢者、障害者等の移動等の円滑化の促進に関する法律（バリアフリー新法）

＜政令関係＞
〇高齢者、障害者等の移動等の円滑化の促進に関する法律施行令（バリアフリー新法施行令）※

＜省令関係＞
〇高齢者、障害者等の移動等の円滑化の促進に関する法律施行規則（バリアフリー新法施行規則）
〇高齢者、障害者等が円滑に利用できるようにするために誘導すべき建築物特定施設の構造及び配置に関する基準（建築物移動等円滑化誘導基準）※

※参考資料に対比表を掲載しています。

　他にも次のような省令が制定されています。
〇バリアフリー新法施行令第１条第２号に規定する人数の算定に関する命令
〇公共交通移動等円滑化基準
〇路外駐車場移動等円滑化基準
〇バリアフリー新法施行令第十九条に規定する標識に関する省令
〇都市公園移動等円滑化基準　概要／本文
〇道路移動等円滑化基準
〇移動等円滑化のために必要な道路の占用に関する基準を定める省令

　詳しい内容は、国土交通省のホームページを参照してください。

　ＵＲＬ：http://www.mlit.go.jp/barrierfree/barrierfree_.html

参考資料1 「高齢者、障害者等の移動等の円滑化の促進に関する法律施行令」及び「高齢者、身体障害者等が円滑に利用できる特定建築物の建築の促進に関する法律施行令」対比表

新	旧
高齢者、障害者等の移動等の円滑化の促進に関する法律施行令 （平成十八年十二月二十日政令第３７９号） 　内閣は、高齢者、障害者等の移動等の円滑化の促進に関する法律（平成十八年法律第九十一号）第二条第六号、第九号、第十三号、第十六号から第十八号まで及び第二十号ただし書、第九条第一項及び第二項、第十四条第一項、第十九条、第三十二条第五項、第三十九条第一項及び第三項、第五十三条第三項並びに附則第四条第三項の規定に基づき、この政令を制定する。 （特定旅客施設の要件） 第一条　略 （特定道路） 第二条　略 （特定公園施設） 第三条　略 （特定建築物） 第四条　法第二条第十六号の政令で定める建築物は、次に掲げるもの（建築基準法（昭和二十五年法律第二百一号）第三条第一項に規定する建築物及び文化財保護法（昭和二十五年法律第二百十四号）第百四十三条第一項又は第二項の伝統的建造物群保存地区内における同法第二条第一項第六号の伝統的建造物群を構成している建築物を除く。）とする。 一　学校 二　病院又は診療所 三　劇場、観覧場、映画館又は演芸場 四　集会場又は公会堂 五　展示場 六　卸売市場又は百貨店、マーケットその他の物品販売業を営む店舗 七　ホテル又は旅館 八　事務所 九　共同住宅、寄宿舎又は下宿 十　老人ホーム、保育所、福祉ホームその他これらに類するもの 十一　老人福祉センター、児童厚生施設、身体障害者福祉センターその他これらに類するもの 十二　体育館、水泳場、ボーリング場その他これらに類する運動施設又は遊技場 十三　博物館、美術館又は図書館 十四　公衆浴場 十五　飲食店又はキャバレー、料理店、ナイトクラブ、ダ	高齢者、身体障害者等が円滑に利用できる特定建築物の建築の促進に関する法律施行令 （平成六年九月二十六日政令第三百十一号） 最終改正：平成一六年一二月二七日政令第四二二号 　内閣は、高齢者、身体障害者等が円滑に利用できる特定建築物の建築の促進に関する法律（平成六年法律第四十四号）第二条　並びに第四条第二項及び第三項の規定に基づき、この政令を制定する。 （特定建築物） 第一条　高齢者、身体障害者等が円滑に利用できる特定建築物の建築の促進に関する法律（以下「法」という。）第二条第二号の政令で定める建築物は、次に掲げるもの（建築基準法（昭和二十五年法律第二百一号）第三条第一項に規定するもの及び文化財保護法（昭和二十五年法律第二百十四号）第百四十三条第一項又は第二項の伝統的建造物群保存地区内における同法第二条第一項第六号の伝統的建造物群を構成しているものを除く。）とする。 一　学校 二　病院又は診療所 三　劇場、観覧場、映画館又は演芸場 四　集会場又は公会堂 五　展示場 六　卸売市場又は百貨店、マーケットその他の物品販売業を営む店舗 七　ホテル又は旅館 八　事務所 九　共同住宅、寄宿舎又は下宿 十　老人ホーム、保育所、身体障害者福祉ホームその他これらに類するもの 十一　老人福祉センター、児童厚生施設、身体障害者福祉センターその他これらに類するもの 十二　体育館、水泳場、ボーリング場その他これらに類する運動施設又は遊技場 十三　博物館、美術館又は図書館 十四　公衆浴場 十五　飲食店又はキャバレー、料理店、ナイトクラブ、ダ

新	旧
ンスホールその他これらに類するもの 十六　郵便局又は理髪店、クリーニング取次店、質屋、貸衣装屋、銀行その他これらに類するサービス業を営む店舗 十七　自動車教習所又は学習塾、華道教室、囲碁教室その他これらに類するもの 十八　工場 十九　車両の停車場又は船舶若しくは航空機の発着場を構成する建築物で旅客の乗降又は待合いの用に供するもの 二十　自動車の停留又は駐車のための施設 二十一　公衆便所 二十二　<u>公共用歩廊</u> （特別特定建築物） 第五条　法第二条第十七号の政令で定める特定建築物は、次に掲げるものとする。 一　盲学校、聾学校又は養護学校 二　病院又は診療所 三　劇場、観覧場、映画館又は演芸場 四　集会場又は公会堂 五　展示場 六　百貨店、マーケットその他の物品販売業を営む店舗 七　ホテル又は旅館 八　保健所、税務署その他不特定かつ多数の者が利用する官公署 九　老人ホーム、福祉ホームその他これらに類するもの（主として高齢者、障害者等が利用するものに限る。） 十　老人福祉センター、児童厚生施設、身体障害者福祉センターその他これらに類するもの 十一　体育館（一般公共の用に供されるものに限る。）、水泳場（一般公共の用に供されるものに限る。）若しくはボーリング場又は遊技場 十二　博物館、美術館又は図書館 十三　公衆浴場 十四　飲食店 十五　郵便局又は理髪店、クリーニング取次店、質屋、貸衣装屋、銀行その他これらに類するサービス業を営む店舗 十六　車両の停車場又は船舶若しくは航空機の発着場を構成する建築物で旅客の乗降又は待合いの用に供するもの 十七　自動車の停留又は駐車のための施設（一般公共の用に供されるものに限る。） 十八　公衆便所 十九　<u>公共用歩廊</u> （建築物特定施設） 第六条　<u>法第二条第十八号</u>の政令で定める施設は、次に掲げるものとする。 一　出入口 二　廊下その他これに類するもの（以下「廊下等」という。） 三　階段（その踊場を含む。以下同じ。） 四　傾斜路（その踊場を含む。以下同じ。） 五　<u>エレベーターその他の昇降機</u>	ンスホールその他これらに類するもの 十六　郵便局又は理髪店、クリーニング取次店、質屋、貸衣装屋、銀行その他これらに類するサービス業を営む店舗 十七　自動車教習所又は学習塾、華道教室、囲碁教室その他これらに類するもの 十八　工場 十九　車両の停車場又は船舶若しくは航空機の発着場を構成する建築物で旅客の乗降又は待合いの用に供するもの 二十　自動車の停留又は駐車のための施設 二十一　公衆便所 （特別特定建築物） 第二条　法第二条第三号の政令で定める特定建築物は、次に掲げるものとする。 一　盲学校、聾学校又は養護学校 二　病院又は診療所 三　劇場、観覧場、映画館又は演芸場 四　集会場又は公会堂 五　展示場 六　百貨店、マーケットその他の物品販売業を営む店舗 七　ホテル又は旅館 八　保健所、税務署その他不特定かつ多数の者が利用する官公署 九　老人ホーム、身体障害者福祉ホームその他これらに類するもの（主として高齢者、身体障害者等が利用するものに限る。） 十　老人福祉センター、児童厚生施設、身体障害者福祉センターその他これらに類するもの 十一　体育館（一般公共の用に供されるものに限る。）、水泳場（一般公共の用に供されるものに限る。）若しくはボーリング場又は遊技場 十二　博物館、美術館又は図書館 十三　公衆浴場 十四　飲食店 十五　郵便局又は理髪店、クリーニング取次店、質屋、貸衣装屋、銀行その他これらに類するサービス業を営む店舗 十六　車両の停車場又は船舶若しくは航空機の発着場を構成する建築物で旅客の乗降又は待合いの用に供するもの 十七　自動車の停留又は駐車のための施設（一般公共の用に供されるものに限る。） 十八　公衆便所 （特定施設） 第三条　法第二条第四号の政令で定める施設は、次に掲げるものとする。 一　出入口 二　廊下その他これに類するもの（以下「廊下等」という。） 三　階段（その踊場を含む。以下同じ。） 四　傾斜路（その踊場を含む。以下同じ。） 五　昇降機

新	旧
六　便所 七　ホテル又は旅館の客室 八　敷地内の通路 九　駐車場 十　その他国土交通省令で定める施設	六　便所 七　敷地内の通路 八　駐車場 九　その他国土交通省令で定める施設
（都道府県知事が所管行政庁となる建築物） 第七条　法第二条第二十号ただし書の政令で定める建築物のうち建築基準法第九十七条の二第一項の規定により建築主事を置く市町村の区域内のものは、同法第六条第一項第四号に掲げる建築物（その新築、改築、増築、移転又は用途の変更に関して、法律並びにこれに基づく命令及び条例の規定により都道府県知事の許可を必要とするものを除く。）以外の建築物とする。 2　法第二条第二十号ただし書の政令で定める建築物のうち建築基準法第九十七条の三第一項の規定により建築主事を置く特別区の区域内のものは、次に掲げる建築物（第二号に掲げる建築物にあっては、地方自治法（昭和二十二年法律第六十七号）第二百五十二条の十七の二第一項の規定により同号に規定する処分に関する事務を特別区が処理することとされた場合における当該建築物を除く。）とする。 一　延べ面積（建築基準法施行令（昭和二十五年政令第三百三十八号）第二条第一項第四号の延べ面積をいう。第二十四条において同じ。）が一万平方メートルを超える建築物 二　その新築、改築、増築、移転又は用途の変更に関して、建築基準法第五十一条（同法第八十七条第二項及び第三項において準用する場合を含み、市町村都市計画審議会が置かれている特別区にあっては、卸売市場に係る部分に限る。）の規定又は同法以外の法律若しくはこれに基づく命令若しくは条例の規定により都知事の許可を必要とする建築物	（都道府県知事が所管行政庁となる建築物） 第四条　法第二条第六号の政令で定める建築物のうち建築基準法第九十七条の二第一項の規定により建築主事を置く市町村の区域内のものは、同法第六条第一項第四号に掲げる建築物（その新築、改築、増築、移転又は用途の変更に関して、法律並びにこれに基づく命令及び条例の規定により都道府県知事の許可を必要とするものを除く。）以外の建築物とする。 2　法第二条第六号の政令で定める建築物のうち建築基準法第九十七条の三第一項の規定により建築主事を置く特別区の区域内のものは、次に掲げる建築物（第二号に掲げる建築物にあっては、地方自治法（昭和二十二年法律第六十七号）第二百五十二条の十七の二第一項の規定により同号に規定する処分に関する事務を特別区が処理することとされた場合における当該建築物を除く。）とする。 一　延べ面積（建築基準法施行令（昭和二十五年政令第三百三十八号）第二条第一項第四号の延べ面積をいう。以下同じ。）が一万平方メートルを超える建築物 二　その新築、改築、増築、移転又は用途の変更に関して、建築基準法第五十一条（同法第八十七条第二項及び第三項において準用する場合を含み、市町村都市計画審議会が置かれている特別区にあっては、卸売市場に係る部分に限る。）並びに同法以外の法律並びにこれに基づく命令及び条例の規定により都知事の許可を必要とする建築物
（基準適合性審査を行うべき許可、認可その他の処分に係る法令の規定等） 第八条　略 （基準適合義務の対象となる特別特定建築物の規模） 第九条　法第十四条第一項の政令で定める規模は、床面積（増築若しくは改築又は用途の変更の場合にあっては、当該増築若しくは改築又は用途の変更に係る部分の床面積）の合計二千平方メートル（第五条第十八号に掲げる公衆便所にあっては、五十平方メートル）とする。	（基準適合義務の対象となる特別特定建築物の規模） 第五条　法第三条第一項の政令で定める規模は、床面積（増築若しくは改築又は用途の変更の場合にあっては、当該増築若しくは改築又は用途の変更に係る部分の床面積）の合計二千平方メートルとする。
（建築物移動等円滑化基準） 第十条　法第十四条第一項の政令で定める建築物特定施設の構造及び配置に関する基準は、次条から第二十三条までに定めるところによる。	（利用円滑化基準） 第六条　法第三条第一項の政令で定める特定施設の構造及び配置に関する基準は、次条から第十六条までに定めるところによる。
（廊下等） 第十一条　不特定かつ多数の者が利用し、又は主として高齢者、障害者等が利用する廊下等は、次に掲げるものでな	（廊下等） 第七条　不特定かつ多数の者が利用し、又は主として高齢者、身体障害者等が利用する廊下等は、次に掲げるもので

新	旧
ければならない。 一　表面は、粗面とし、又は滑りにくい材料で仕上げること。 二　階段又は傾斜路（階段に代わり、又はこれに併設するものに限る。）の上端に近接する廊下等の部分（不特定かつ多数の者が利用し、又は主として視覚障害者が利用するものに限る。）には、視覚障害者に対し段差又は傾斜の存在の警告を行うために、<u>点状ブロック等（床面に敷設されるブロックその他これに類するものであって、点状の突起が設けられており、かつ、周囲の床面との色の明度、色相又は彩度の差が大きいことにより容易に識別できるものをいう。以下同じ。）</u>を敷設すること。ただし、視覚障害者の利用上支障がないものとして国土交通大臣が定める場合は、この限りでない。 （階段） 第十二条　不特定かつ多数の者が利用し、又は主として高齢者、<u>障害者等</u>が利用する階段は、次に掲げるものでなければならない。 一　踊場を除き、手すりを設けること。 二　表面は、粗面とし、又は滑りにくい材料で仕上げること。 三　踏面の端部とその周囲の部分との<u>色の明度、色相又は彩度の差</u>が大きいことにより段を容易に識別できるものとすること。 四　段鼻の突き出し<u>その他のつまずきの原因となるものを設けない</u>構造とすること。 五　段がある部分の上端に近接する踊場の部分（不特定かつ多数の者が利用し、又は主として視覚障害者が利用するものに限る。）には、<u>視覚障害者に対し警告を行うために、</u>点状ブロック等を敷設すること。ただし、視覚障害者の利用上支障がないものとして国土交通大臣が定める場合は、この限りでない。 六　主たる階段は、回り階段でないこと。ただし、回り階段以外の階段を設ける空間を確保することが困難であるときは、この限りでない。 （階段に代わり、又はこれに併設する傾斜路） 第十三条　不特定かつ多数の者が利用し、又は主として高齢者、<u>障害者等</u>が利用する傾斜路（階段に代わり、又はこれに併設するものに限る。）は、次に掲げるものでなければならない。 一　勾配が十二分の一を超え、又は高さが十六センチメートルを超える傾斜がある部分には、手すりを設けること。 二　表面は、粗面とし、又は滑りにくい材料で仕上げること。 三　その前後の廊下等との<u>色の明度、色相又は彩度の差</u>が大きいことによりその存在を容易に識別できるものとすること。 四　傾斜がある部分の上端に近接する踊場の部分（不特定かつ多数の者が利用し、又は主として視覚障害者が利用するものに限る。）には、<u>視覚障害者に対し警告を行うために、</u>	なければならない。 一　表面は、粗面とし、又は滑りにくい材料で仕上げること。 二　階段又は傾斜路（階段に代わり、又はこれに併設するものに限る。）の上端に近接する廊下等の部分（不特定かつ多数の者が利用し、又は主として視覚障害者が利用するものに限る。）には、視覚障害者に対し段差又は傾斜の存在の警告を行うために床面に敷設されるブロックその他これに類するものであって、点状の突起が設けられており、かつ、周囲の床面との<u>色</u>の明度<u>の差</u>が大きいこと<u>等</u>により容易に識別できるもの（以下「点状ブロック等」という。）を敷設すること。ただし、視覚障害者の利用上支障がないものとして国土交通大臣が定める場合は、この限りでない。 （階段） 第八条　不特定かつ多数の者が利用し、又は主として高齢者、<u>身体障害者等</u>が利用する階段は、次に掲げるものでなければならない。 一　踊場を除き、手すりを設けること。 二　表面は、粗面とし、又は滑りにくい材料で仕上げること。 三　踏面の端部とその周囲の部分との色の<u>明度</u>の差が大きいこと<u>等</u>により段を容易に識別できるものとすること。 四　段鼻の突き出し<u>がないこと等によりつまずきにくい</u>構造とすること。 五　段がある部分の上端に近接する踊場の部分（不特定かつ多数の者が利用し、又は主として視覚障害者が利用するものに限る。）には、点状ブロック等を敷設すること。ただし、視覚障害者の利用上支障がないものとして国土交通大臣が定める場合は、この限りでない。 六　主たる階段は、回り階段でないこと。ただし、回り階段以外の階段を設ける空間を確保することが困難であるときは、この限りでない。 （階段に代わり、又はこれに併設する傾斜路） 第九条　不特定かつ多数の者が利用し、又は主として高齢者、<u>身体障害者等</u>が利用する傾斜路（階段に代わり、又はこれに併設するものに限る。）は、次に掲げるものでなければならない。 一　勾配が十二分の一を超え、又は高さが十六センチメートルを超える傾斜がある部分には、手すりを設けること。 二　表面は、粗面とし、又は滑りにくい材料で仕上げること。 三　その前後の廊下等との<u>色</u>の明度<u>の差</u>が大きいこと<u>等</u>によりその存在を容易に識別できるものとすること。 四　傾斜がある部分の上端に近接する踊場の部分（不特定かつ多数の者が利用し、又は主として視覚障害者が利用するものに限る。）には、点状ブロック等を敷設すること。た

新	旧
点状ブロック等を敷設すること。ただし、視覚障害者の利用上支障がないものとして国土交通大臣が定める場合は、この限りでない。 （便所） 第十四条　不特定かつ多数の者が利用し、又は主として高齢者、<u>障害者</u>等が利用する便所を設ける場合には、そのうち一以上（男子用及び女子用の区別があるときは、それぞれ一以上）は、次に掲げるものでなければならない。 一　便所内に、車いすを使用している者（以下「車いす使用者」という。）が円滑に利用することができるものとして国土交通大臣が定める構造の便房（以下「車いす使用者用便房」という。）を一以上設けること。 <u>二　便所内に、高齢者、障害者等が円滑に利用することができる構造の水洗器具を設けた便房を一以上設けること。</u> ２　不特定かつ多数の者が利用し、又は主として高齢者、<u>障害者</u>等が利用する男子用小便器のある便所を設ける場合には、そのうち一以上に、床置式の小便器、<u>壁掛式の小便器（受け口の高さが三十五センチメートル以下のものに限る。）</u>その他これらに類する小便器を一以上設けなければならない。 <u>（ホテル又は旅館の客室）</u> <u>第十五条　ホテル又は旅館には、客室の総数が五十以上の場合は、車いす使用者が円滑に利用できる客室（以下「車いす使用者用客室」という。）を一以上設けなければならない。</u> <u>２　車いす使用者用客室は、次に掲げるものでなければならない。</u> <u>一　便所は、次に掲げるものであること。ただし、当該客室が設けられている階に不特定かつ多数の者が利用する便所（車いす使用者用便房が設けられたものに限る。）が一以上（男子用及び女子用の区別があるときは、それぞれ一以上）設けられている場合は、この限りでない。</u> <u>イ　便所内に車いす使用者用便房を設けること。</u> <u>ロ　車いす使用者用便房及び当該便房が設けられている便所の出入口は、次に掲げるものであること。</u> <u>（１）幅は、八十センチメートル以上とすること。</u> <u>（２）戸を設ける場合には、自動的に開閉する構造その他の車いす使用者が容易に開閉して通過できる構造とし、かつ、その前後に高低差がないこと。</u> <u>二　浴室又はシャワー室（以下この号において「浴室等」という。）は、次に掲げるものであること。ただし、当該客室が設けられている建築物に不特定かつ多数の者が利用する浴室等（次に掲げるものに限る。）が一以上（男子用及び女子用の区別があるときは、それぞれ一以上）設けられている場合は、この限りでない。</u> <u>イ　車いす使用者が円滑に利用することができるものとして国土交通大臣が定める構造であること。</u> <u>ロ　出入口は、前号ロに掲げるものであること。</u> （敷地内の通路）	だし、視覚障害者の利用上支障がないものとして国土交通大臣が定める場合は、この限りでない。 （便所） 第十条　不特定かつ多数の者が利用し、又は主として高齢者、身体障害者等が利用する便所を設ける場合には、そのうち一以上は、次に掲げるものでなければならない。 一　便所<u>（男子用及び女子用の区別があるときは、それぞれの便所）</u>内に、車いすを使用している者（以下「車いす使用者」という。）が円滑に利用することができるものとして国土交通大臣が定める構造の便房（以下「車いす使用者用便房」という。）を一以上設けること。 <u>二　車いす使用者用便房が設けられている便所の出入口又はその付近に、その旨を表示した標識を掲示すること。</u> ２　不特定かつ多数の者が利用し、又は主として高齢者、<u>身体障害者</u>等が利用する男子用小便器のある便所を設る場合には、そのうち一以上に、床置式の小便器その他これに類する小便器を一以上設けなければならない。 （敷地内の通路）

新	旧
第十六条　不特定かつ多数の者が利用し、又は主として高齢者、障害者等が利用する敷地内の通路は、次に掲げるものでなければならない。 一　表面は、粗面とし、又は滑りにくい材料で仕上げること。 二　段がある部分は、次に掲げるものであること。 イ　手すりを設けること。 ロ　踏面の端部とその周囲の部分との色の明度、色相又は彩度の差が大きいことにより段を容易に識別できるものとすること。 ハ　段鼻の突き出しその他のつまずきの原因となるものを設けない構造とすること。 三　傾斜路は、次に掲げるものであること。 イ　勾配が十二分の一を超え、又は高さが十六センチメートルを超え、かつ、勾配が二十分の一を超える傾斜がある部分には、手すりを設けること。 ロ　その前後の通路との色の明度、色相又は彩度の差が大きいことによりその存在を容易に識別できるものとすること。 （駐車場） 第十七条　不特定かつ多数の者が利用し、又は主として高齢者、障害者等が利用する駐車場を設ける場合には、そのうち一以上に、車いす使用者が円滑に利用することができる駐車施設（以下「車いす使用者用駐車施設」という。）を一以上設けなければならない。 2　車いす使用者用駐車施設は、次に掲げるものでなければならない。 一　幅は、三百五十センチメートル以上とすること。 二　次条第一項第三号に定める経路の長さができるだけ短くなる位置に設けること。 （移動等円滑化経路） 第十八条　次に掲げる場合には、それぞれ当該各号に定める経路のうち一以上（第四号に掲げる場合にあっては、そのすべて）を、高齢者、障害者等が円滑に利用できる経路（以下この条において「移動等円滑化経路」という。）にしなければならない。 一　建築物に、不特定かつ多数の者が利用し、又は主として高齢者、障害者等が利用する居室（以下「利用居室」という。）を設ける場合　道又は公園、広場その他の空地（以下「道等」という。）から当該利用居室までの経路（直接地上へ通ずる出入口のある階（以下この条において「地上階」という。）又はその直上階若しくは直下階のみに利用居室を設ける場合にあっては、当該地上階とその直上階又は直下階との間の上下の移動に係る部分を除く。） 二　建築物又はその敷地に車いす使用者用便房（車いす使用者用客室に設けられるものを除く。以下同じ。）を設ける場合　利用居室（当該建築物に利用居室が設けられていないときは、道等。次号において同じ。）から当該車いす使用者	第十一条　不特定かつ多数の者が利用し、又は主として高齢者、身体障害者等が利用する敷地内の通路は、次に掲げるものでなければならない。 一　表面は、粗面とし、又は滑りにくい材料で仕上げること。 二　段がある部分は、次に掲げるものであること。 イ　手すりを設けること。 ロ　踏面の端部とその周囲の部分との色の明度の差が大きいこと等により段を容易に識別できるものとすること。 ハ　段鼻の突き出しがないこと等によりつまずきにくい構造とすること。 三　傾斜路は、次に掲げるものであること。 イ　勾配が十二分の一を超え、又は高さが十六センチメトルを超え、かつ、勾配が二十分の一を超える傾斜がある部分には、手すりを設けること。 ロ　その前後の通路との色の明度の差が大きいこと等によりその存在を容易に識別できるものとすること。 （駐車場） 第十二条　不特定かつ多数の者が利用し、又は主として高齢者、身体障害者等が利用する駐車場を設ける場合には、そのうち一以上に、車いす使用者が円滑に利用することができる駐車施設（以下「車いす使用者用駐車施設」という。）を一以上設けなければならない。 2　車いす使用者用駐車施設は、次に掲げるものでなければならない。 一　幅は、三百五十センチメートル以上とすること。 二　車いす使用者用駐車施設又はその付近に、車いす使用者用駐車施設の表示をすること。 三　次条第一項第三号に定める経路の長さができるだけ短くなる位置に設けること。 （利用円滑化経路） 第十三条　次に掲げる場合には、それぞれ当該各号に定める経路のうち一以上を、高齢者、身体障害者等が円滑に利用できる経路（以下「利用円滑化経路」という。）にしなければならない。 一　建築物に、不特定かつ多数の者が利用し、又は主として高齢者、身体障害者等が利用する居室（直接地上へ通ずる出入口のある階（以下この条において「地上階」という。）又はその直上階若しくは直下階のみに居室がある建築物にあっては、地上階にあるものに限る。以下「利用居室」という。）を設ける場合　道又は公園、広場その他の空地（以下「道等」という。）から当該利用居室までの経路 二　建築物又はその敷地に車いす使用者用便房を設ける場合　利用居室（当該建築物に利用居室が設けられていないときは、道等。次号において同じ。）から当該車いす使用者用便房までの経路

新	旧
用便房までの経路 三　建築物又はその敷地に車いす使用者用駐車施設を設ける場合当該車いす使用者用駐車施設から利用居室までの経路 四　建築物が公共用歩廊である場合その一方の側の道等から当該公共用歩廊を通過し、その他方の側の道等までの経路（当該公共用歩廊又はその敷地にある部分に限る。） 2　移動等円滑化経路は、次に掲げるものでなければならない。 一　当該移動等円滑化経路上に階段又は段を設けないこと。ただし、傾斜路又はエレベーターその他の昇降機を併設する場合は、この限りでない。 二　当該移動等円滑化経路を構成する出入口は、次に掲げるものであること。 イ　幅は、八十センチメートル以上とすること。 ロ　戸を設ける場合には、自動的に開閉する構造その他の車いす使用者が容易に開閉して通過できる構造とし、かつ、その前後に高低差がないこと。 三　当該移動等円滑化経路を構成する廊下等は、第十一条の規定によるほか、次に掲げるものであること。 イ　幅は、百二十センチメートル以上とすること。 ロ　五十メートル以内ごとに車いすの転回に支障がない場所を設けること。 ハ　戸を設ける場合には、自動的に開閉する構造その他の車いす使用者が容易に開閉して通過できる構造とし、かつ、その前後に高低差がないこと。 四　当該移動等円滑化経路を構成する傾斜路（階段に代わり、又はこれに併設するものに限る。）は、第十三条の規定によるほか、次に掲げるものであること。 イ　幅は、階段に代わるものにあっては百二十センチメートル以上、階段に併設するものにあっては九十センチメートル以上とすること。 ロ　勾配は、十二分の一を超えないこと。ただし、高さが十六センチメートル以下のものにあっては、八分の一を超えないこと。 ハ　高さが七十五センチメートルを超えるものにあっては、高さ七十五センチメートル以内ごとに踏幅が百五十センチメートル以上の踊場を設けること。 五　当該移動等円滑化経路を構成するエレベーター（次号に規定するものを除く。以下この号において同じ。）及びその乗降ロビーは、次に掲げるものであること。 イ　かご（人を乗せ昇降する部分をいう。以下この号において同じ。）は、利用居室、車いす使用者用便房又は車いす使用者用駐車施設がある階及び地上階に停止すること。 ロ　かご及び昇降路の出入口の幅は、八十センチメートル以上とすること。 ハ　かごの奥行きは、百三十五センチメートル以上とすること。 ニ　乗降ロビーは、高低差がないものとし、その幅及び奥行きは、百五十センチメートル以上とすること。 ホ　かご内及び乗降ロビーには、車いす使用者が利用しや	三　建築物又はその敷地に車いす使用者用駐車施設を設ける場合　当該車いす使用者用駐車施設から利用居室までの経路 2　利用円滑化経路は、次に掲げるものでなければならない。 一　当該利用円滑化経路上に階段又は段を設けないこと。ただし、傾斜路又は昇降機を併設する場合は、この限りでない。 二　当該利用円滑化経路を構成する出入口は、次に掲げるものであること。 イ　幅は、八十センチメートル以上とすること。 ロ　戸を設ける場合には、自動的に開閉する構造その他の車いす使用者が容易に開閉して通過できる構造とし、かつ、その前後に高低差がないこと。 三　当該利用円滑化経路を構成する廊下等は、第七条の規定によるほか、次に掲げるものであること。 イ　幅は、百二十センチメートル以上とすること。 ロ　五十メートル以内ごとに車いすの転回に支障がない場所を設けること。 ハ　戸を設ける場合には、自動的に開閉する構造その他の車いす使用者が容易に開閉して通過できる構造とし、かつ、その前後に高低差がないこと。 四　当該利用円滑化経路を構成する傾斜路（階段に代わり、又はこれに併設するものに限る。）は、第九条の規定によるほか、次に掲げるものであること。 イ　幅は、階段に代わるものにあっては百二十センチメートル以上、階段に併設するものにあっては九十センチメートル以上とすること。 ロ　勾配は、十二分の一を超えないこと。ただし、高さが十六センチメートル以下のものにあっては、八分の一を超えないこと。 ハ　高さが七十五センチメートルを超えるものにあっては、高さ七十五センチメートル以内ごとに踏幅が百五十センチメートル以上の踊場を設けること。 五　当該利用円滑化経路を構成する昇降機（次号に規定するものを除く。以下この号において同じ。）及びその乗降ロビーは、次に掲げるものであること。 イ　かご（人を乗せ昇降する部分をいう。以下この号において同じ。）は、利用居室、車いす使用者用便房又は車いす使用者用駐車施設がある階及び地上階に停止すること。 ロ　かご及び昇降路の出入口の幅は、八十センチメートル以上とすること。 ハ　かごの奥行きは、百三十五センチメートル以上とすること。 ニ　乗降ロビーは、高低差がないものとし、その幅及び奥行きは、百五十センチメートル以上とすること。 ホ　かご内及び乗降ロビーには、車いす使用者が利用しや

新	旧
すい位置に制御装置を設けること。 ヘ　かご内に、かごが停止する予定の階及びかごの現在位置を表示する装置を設けること。 ト　乗降ロビーに、到着するかごの昇降方向を表示する装置を設けること。 チ　不特定かつ多数の者が利用する建築物（床面積の合計が二千平方メートル以上の建築物に限る。）の移動等円滑化経路を構成するエレベーターにあっては、イからハまで、ホ及びへに定めるもののほか、次に掲げるものであること。 （1）かごの幅は、百四十センチメートル以上とすること。 （2）かごは、車いすの転回に支障がない構造とすること。 リ　不特定かつ多数の者が利用し、又は主として視覚障害者が利用するエレベーター及び乗降ロビーにあっては、イからチまでに定めるもののほか、次に掲げるものであること。ただし、視覚障害者の利用上支障がないものとして国土交通大臣が定める場合は、この限りでない。 （1）かご内に、かごが到着する階並びにかご及び昇降路の出入口の戸の閉鎖を音声により知らせる装置を設けること。 （2）かご内及び乗降ロビーに設ける制御装置（車いす使用者が利用しやすい位置及びその他の位置に制御装置を設ける場合にあっては、当該その他の位置に設けるものに限る。）は、点字その他国土交通大臣が定める方法により視覚障害者が円滑に操作することができる構造とすること。 （3）かご内又は乗降ロビーに、到着するかごの昇降方向を音声により知らせる装置を設けること。 六　当該移動等円滑化経路を構成する国土交通大臣が定める特殊な構造又は使用形態のエレベーターその他の昇降機は、車いす使用者が円滑に利用することができるものとして国土交通大臣が定める構造とすること。 七　当該移動等円滑化経路を構成する敷地内の通路は、第十六条の規定によるほか、次に掲げるものであること。 イ　幅は、百二十センチメートル以上とすること。 ロ　五十メートル以内ごとに車いすの転回に支障がない場所を設けること。 ハ　戸を設ける場合には、自動的に開閉する構造その他の車いす使用者が容易に開閉して通過できる構造とし、かつ、その前後に高低差がないこと。 ニ　傾斜路は、次に掲げるものであること。 （1）幅は、段に代わるものにあっては百二十センチメートル以上、段に併設するものにあっては九十センチメートル以上とすること。 （2）勾配は、十二分の一を超えないこと。ただし、高さが十六センチメートル以下のものにあっては、八分の一を超えないこと。 （3）高さが七十五センチメートルを超えるもの（勾配が二十分の一を超えるものに限る。）にあっては、高さ七十五センチメートル以内ごとに踏幅が百五十センチメートル以上の踊場を設けること。	すい位置に制御装置を設けること。 ヘ　かご内に、かごが停止する予定の階及びかごの現在位置を表示する装置を設けること。 ト　乗降ロビーに、到着するかごの昇降方向を表示する装置を設けること。 チ　不特定かつ多数の者が利用する建築物（法第三条第二項の規定により条例で同条第一項の規模を別に定めたときは、床面積の合計が二千平方メートル以上の建築物に限る。）の利用円滑化経路を構成する昇降機にあっては、イからハまで、ホ及びへに定めるもののほか、次に掲げるものであること。 （1）かごの床面積は、一・八三平方メートル以上とすること。 （2）かごは、車いすの転回に支障がない構造とすること。 リ　不特定かつ多数の者が利用し、又は主として視覚障害者が利用する昇降機及び乗降ロビーにあっては、イからチまでに定めるもののほか、次に掲げるものであること。ただし、視覚障害者の利用上支障がないものとして国土交通大臣が定める場合は、この限りでない。 （1）かご内に、かごが到着する階並びにかご及び昇降路の出入口の戸の閉鎖を音声により知らせる装置を設けること。 （2）かご内及び乗降ロビーに設ける制御装置（車いす使用者が利用しやすい位置及びその他の位置に制御装置を設ける場合にあっては、当該その他の位置に設けるものに限る。）は、点字により表示する等視覚障害者が円滑に操作することができる構造とすること。 （3）かご内又は乗降ロビーに、到着するかごの昇降方向を音声により知らせる装置を設けること。 六　当該利用円滑化経路を構成する特殊な構造又は使用形態の昇降機は、車いす使用者が円滑に利用することができるものとして国土交通大臣が定める構造とすること。 七　当該利用円滑化経路を構成する敷地内の通路は、第十一条の規定によるほか、次に掲げるものであること。 イ　幅は、百二十センチメートル以上とすること。 ロ　五十メートル以内ごとに車いすの転回に支障がない場所を設けること。 ハ　戸を設ける場合には、自動的に開閉する構造その他の車いす使用者が容易に開閉して通過できる構造とし、かつ、その前後に高低差がないこと。 ニ　傾斜路は、次に掲げるものであること。 （1）幅は、段に代わるものにあっては百二十センチメートル以上、段に併設するものにあっては九十センチメートル以上とすること。 （2）勾配は、十二分の一を超えないこと。ただし、高さが十六センチメートル以下のものにあっては、八分の一を超えないこと。 （3）高さが七十五センチメートルを超えるもの（勾配が二十分の一を超えるものに限る。）にあっては、高さ七十五センチメートル以内ごとに踏幅が百五十センチメートル以上の踊場を設けること。

新	旧
3　第一項第一号に定める経路を構成する敷地内の通路が地形の特殊性により前項第七号の規定によることが困難である場合における前二項の規定の適用については、第一項第一号中「道又は公園、広場その他の空地（以下「道等」という。）」とあるのは、「当該建築物の車寄せ」とする。	3　第一項第一号に定める経路を構成する敷地内の通路が地形の特殊性により前項第七号の規定によることが困難である場合における前二項の規定の適用については、第一項第一号中「道又は公園、広場その他の空地（以下「道等」という。）」とあるのは、「当該建築物の車寄せ」とする。
（標識） 第十九条　移動等円滑化の措置がとられたエレベーターその他の昇降機、便所又は駐車施設の付近には、国土交通省令で定めるところにより、それぞれ、当該エレベーターその他の昇降機、便所又は駐車施設があることを表示する標識を設けなければならない。 （案内設備） 第二十条　建築物又はその敷地には、当該建築物又はその敷地内の移動等円滑化の措置がとられたエレベーターその他の昇降機、便所又は駐車施設の配置を表示した案内板その他の設備を設けなければならない。 ただし、当該エレベーターその他の昇降機、便所又は駐車施設の配置を容易に視認できる場合は、この限りでない。 2　建築物又はその敷地には、当該建築物又はその敷地内の移動等円滑化の措置がとられたエレベーターその他の昇降機又は便所の配置を点字その他国土交通大臣が定める方法により視覚障害者に示すための設備を設けなければならない。 3　案内所を設ける場合には、前二項の規定は適用しない。	＜関連削除＞(便所)第10条二、(駐車場)第12条2二
（案内設備までの経路） 第二十一条　道等から前条第二項の規定による設備又は同条第三項の規定による案内所までの経路（不特定かつ多数の者が利用し、又は主として視覚障害者が利用するものに限る。）は、そのうち一以上を、視覚障害者が円滑に利用できる経路（以下この条において「視覚障害者移動等円滑化経路」という。）にしなければならない。ただし、視覚障害者の利用上支障がないものとして国土交通大臣が定める場合は、この限りでない。 2　視覚障害者移動等円滑化経路は、次に掲げるものでなければならない。 一　当該視覚障害者移動等円滑化経路に、視覚障害者の誘導を行うために、線状ブロック等（床面に敷設されるブロックその他これに類するものであって、線状の突起が設けられており、かつ、周囲の床面との色の明度、色相又は彩度の差が大きいことにより容易に識別できるものをいう。）及び点状ブロック等を適切に組み合わせて敷設し、又は音声その他の方法により視覚障害者を誘導する設備を設けること。ただし、進行方向を変更する必要がない風除室内においては、この限りでない。 二　当該視覚障害者移動等円滑化経路を構成する敷地内の通路の次に掲げる部分には、視覚障害者に対し警告を行うために、点状ブロック等を敷設すること。 イ　車路に近接する部分 ロ　段がある部分又は傾斜がある部分の上端に近接する部分（視覚障害者の利用上支障がないものとして国土交通大	（案内設備までの経路） 第十四条　建築物又はその敷地に当該建築物の案内設備を設ける場合は、道等から当該案内設備までの経路（不特定かつ多数の者が利用し、又は主として視覚障害者が利用するものに限る。）のうち一以上を、視覚障害者が円滑に利用できる経路（以下「視覚障害者利用円滑化経路」という。）にしなければならない。ただし、視覚障害者の利用上支障がないものとして国土交通大臣が定める場合は、この限りでない。 2　視覚障害者利用円滑化経路は、次に掲げるものでなければならない。 一　当該視覚障害者利用円滑化経路に、線状ブロック等（視覚障害者の誘導を行うために床面に敷設されるブロックその他これに類するものであって、線状の突起が設けられており、かつ、周囲の床面との色の明度の差が大きいこと等により容易に識別できるものをいう。）及び点状ブロック等を適切に組み合わせて敷設し、又は音声その他の方法により視覚障害者を誘導する設備を設けること。ただし、進行方向を変更する必要がない風除室内においては、この限りでない。 二　当該視覚障害者利用円滑化経路を構成する敷地内の通路の次に掲げる部分には、点状ブロック等を敷設すること。 イ　車路に近接する部分 ロ　段がある部分又は傾斜がある部分の上端に近接する部分（視覚障害者の利用上支障がないものとして国土交通大

新	旧
臣が定める部分を除く。）	臣が定める部分を除く。）
（増築等に関する適用範囲）	（増築等に関する適用範囲）
第二十二条　建築物の増築又は改築（用途の変更をして特別特定建築物にすることを含む。第一号において「増築等」という。）をする場合には、第十一条から前条までの規定は、次に掲げる建築物の部分に限り、適用する。	第十五条　建築物の増築又は改築（用途の変更をして特別特定建築物にすることを含む。以下この条において「増築等」という。）をする場合には、第七条から前条までの規定は、次に掲げる建築物の部分に限り、適用する。
一　当該増築等に係る部分	一　当該増築等に係る部分
二　道等から前号に掲げる部分にある利用居室までの一以上の経路を構成する出入口、廊下等、階段、傾斜路、エレベーターその他の昇降機及び敷地内の通路	二　道等から前号に掲げる部分にある利用居室までの一以上の経路を構成する出入口、廊下等、階段、傾斜路、昇降機及び敷地内の通路
三　不特定かつ多数の者が利用し、又は主として高齢者、障害者等が利用する便所	三　不特定かつ多数の者が利用し、又は主として高齢者、身体障害者等が利用する便所
四　第一号に掲げる部分にある利用居室（当該部分に利用居室が設けられていないときは、道等）から車いす使用者用便房（前号に掲げる便所に設けられるものに限る。）までの一以上の経路を構成する出入口、廊下等、階段、傾斜路、エレベーターその他の昇降機及び敷地内の通路	四　第一号に掲げる部分にある利用居室（当該部分に利用居室が設けられていないときは、道等。第六号において同じ。）から車いす使用者用便房（前号に掲げる便所に設けられるものに限る。）までの一以上の経路を構成する出入口、廊下等、階段、傾斜路、昇降機及び敷地内の通路
五　不特定かつ多数の者が利用し、又は主として高齢者、障害者等が利用する駐車場	五　不特定かつ多数の者が利用し、又は主として高齢者、身体障害者等が利用する駐車場
六　車いす使用者用駐車施設（前号に掲げる駐車場に設けられるものに限る。）から第一号に掲げる部分にある利用居室（当該部分に利用居室が設けられていないときは、道等）までの一以上の経路を構成する出入口、廊下等、傾斜路、エレベーターその他の昇降機及び敷地内の通路	六　車いす使用者用駐車施設（前号に掲げる駐車場に設けられるものに限る。）から第一号に掲げる部分にある利用居室までの一以上の経路を構成する出入口、廊下等、階段、傾斜路、昇降機及び敷地内の通路
（条例で定める特定建築物に関する読替え）	（条例で定める特定建築物に関する読替え）
第二十三条　法第十四条第三項の規定により特別特定建築物に条例で定める特定建築物を追加した場合における第十一条から第十四条まで、第十六条、第十七条第一項、第十八条第一項及び前条の規定の適用については、これらの規定中「不特定かつ多数の者が利用し、又は主として高齢者、障害者等が利用する」とあるのは「多数の者が利用する」と、同条中「特別特定建築物」とあるのは「法第十四条第三項の条例で定める特定建築物」とする。	第十六条　法第三条第二項の規定により特別特定建築物に条例で定める特定建築物を追加した場合における第七条から前条までの規定の適用については、これらの規定中「不特定かつ多数の者が利用し、又は主として高齢者、身体障害者等が利用する」とあるのは「多数の者が利用する」と、同条中「特別特定建築物」とあるのは「法第三条第二項の条例で定める特定建築物」とする。
（認定特定建築物の容積率の特例）	（認定建築物の容積率の特例）
第二十四条　法第十九条の政令で定める床面積は、認定特定建築物の延べ面積の十分の一を限度として、当該認定特定建築物の建築物特定施設の床面積のうち、通常の建築物の建築物特定施設の床面積を超えることとなるものとして国土交通大臣が定めるものとする。	第十八条　法第八条の政令で定める床面積は、認定建築物の延べ面積の十分の一を限度として、当該認定建築物の特定施設の床面積のうち、通常の建築物の特定施設の床面積を超えることとなるものとして国土交通大臣が定めるものとする。
（道路管理者の権限の代行）	
第二十五条　略	
（保留地において生活関連施設等を設置する者）	
第二十六条　略	
（生活関連施設等の用地として処分された保留地の対価に相当する金額の交付基準）	
第二十七条　略	

新	旧
（報告及び立入検査） 第二十八条　所管行政庁は、法第五十三条第三項の規定により、法第十四条第一項の政令で定める規模（同条第三項の条例で別に定める規模があるときは、当該別に定める規模。以下この項において同じ。）以上の特別特定建築物（同条第三項の条例で定める特定建築物を含む。以下この項において同じ。）の建築（用途の変更をして特別特定建築物にすることを含む。）若しくは維持保全をする建築主等に対し、当該特別特定建築物につき、当該特別特定建築物の建築物移動等円滑化基準（同条第三項の条例で付加した事項を含む。次項において同じ。）への適合に関する事項に関し報告をさせ、又はその職員に、法第十四条第一項の政令で定める規模以上の特別特定建築物若しくはその工事現場に立ち入り、当該特別特定建築物の建築物特定施設及びこれに使用する建築材料並びに設計図書その他の関係書類を検査させ、若しくは関係者に質問させることができる。 ２　所管行政庁は、法第五十三条第三項の規定により、法第三十五条第一項の規定に基づき建築物特定事業を実施すべき建築主等に対し、当該建築物特定事業が実施されるべき特定建築物につき、当該特定建築物の建築物移動等円滑化基準への適合に関する事項に関し報告をさせ、又はその職員に、当該特定建築物若しくはその工事現場に立ち入り、当該特定建築物の建築物特定施設及びこれに使用する建築材料並びに設計図書その他の関係書類を検査させ、若しくは関係者に質問させることができる。	（報告及び立入検査） 第十七条　所管行政庁は、法第四条第三項の規定により、法第三条第一項の政令で定める規模（同条第二項の条例で別に定める規模を含む。次項において同じ。）以上の特別特定建築物（同条第二項の条例で定める特定建築物を含む。以下この条において同じ。）の建築（用途の変更をして特別特定建築物にすることを含む。）又は維持保全をする者に対し、当該特別特定建築物につき、当該特別特定建築物の利用円滑化基準（同条第二項の条例で付加した事項を含む。）への適合に関する事項に関し報告させることができる。 ２　所管行政庁は、法第四条第三項の規定により、その職員に、法第三条第一項の政令で定める規模以上の特別特定建築物又はその工事現場に立ち入り、当該特別特定建築物の特定施設及びこれに使用する建築材料並びに設計図書その他の関係書類を検査させることができる。
附則 （施行期日） 第一条　この政令は、法の施行の日（平成十八年十二月二十日）から施行する。 （高齢者、身体障害者等が円滑に利用できる特定建築物の建築の促進に関する法律施行令及び高齢者、身体障害者等の公共交通機関を利用した移動の円滑化の促進に関する法律施行令の廃止） 第二条　次に掲げる政令は、廃止する。 一　高齢者、身体障害者等が円滑に利用できる特定建築物の建築の促進に関する法律施行令（平成六年政令第三百十一号） 二　高齢者、身体障害者等の公共交通機関を利用した移動の円滑化の促進に関する法律施行令（平成十二年政令第四百四十三号） （高齢者、身体障害者等が円滑に利用できる特定建築物の建築の促進に関する法律施行令の廃止に伴う経過措置） 第三条　この政令の施行の日から起算して六月を経過する日までの間は、第五条第十九号、第九条、第十四条、第十五条、第十八条第一項第四号及び第十九条から第二十一条までの規定は適用せず、なお従前の例による。 （類似の用途） 第四条　法附則第四条第三項の政令で指定する類似の用途は、当該特別特定建築物が次の各号のいずれかに掲げる用途である場合において、それぞれ当該各号に掲げる他の用途とする。	附　則　抄 （施行期日） １　この政令は、法の施行の日（平成六年九月二十八日）から施行する。 附　則　（平成一五年一月二二日政令第九号）　抄 （施行期日） 第一条　この政令は、高齢者、身体障害者等が円滑に利用できる特定建築物の建築の促進に関する法律の一部を改正する法律（以下「改正法」という。）の施行の日（平成十五年四月一日）から施行する。 （類似の用途） 第二条　改正法附則第二条第二項の政令で指定する類似の用途は、当該特別特定建築物が次の各号のいずれかに掲げる用途である場合において、それぞれ当該各号に掲げる他の用途とする。

新	旧
一　病院又は診療所（患者の収容施設があるものに限る。） 二　劇場、映画館又は演芸場 三　集会場又は公会堂 四　百貨店、マーケットその他の物品販売業を営む店舗 五　ホテル又は旅館 六　老人ホーム、福祉ホームその他これらに類するもの（主として高齢者、障害者等が利用するものに限る。） 七　老人福祉センター、児童厚生施設、身体障害者福祉センターその他これらに類するもの 八　博物館、美術館又は図書館 <以下省略>	一　病院又は診療所（患者の収容施設があるものに限る。） 二　劇場、映画館又は演芸場 三　集会場又は公会堂 四　百貨店、マーケットその他の物品販売業を営む店舗 五　ホテル又は旅館 六　老人ホーム、身体障害者福祉ホームその他これらに類するもの（主として高齢者、身体障害者等が利用するものに限る。） 七　老人福祉センター、児童厚生施設、身体障害者福祉センターその他これらに類するもの 八　博物館、美術館又は図書館

参考資料2 「高齢者、障害者等が円滑に利用できるようにするために誘導すべき建築物特定施設の構造及び配置に関する基準を定める省令（建築物移動等円滑化誘導基準）」及び「高齢者、身体障害者等が円滑に利用できる特定建築物の建築の促進に関する法律施行規則」対比表

新	旧
高齢者、障害者等が円滑に利用できるようにするために誘導すべき建築物特定施設の構造及び配置に関する基準を定める省令 （国土交通省令第１１４号） 　平成十八年十二月十五日	高齢者、身体障害者等が円滑に利用できる特定建築物の建築の促進に関する法律施行規則 （平成六年建設省令第二十六号） 最終改正：平成十五年三月二十五日 （特定施設） 第一条 （身分証明書の様式） 第二条 （計画の認定の申請） 第三条 （計画の記載事項） 第四条 （認定通知書の様式） 第五条
（建築物移動等円滑化誘導基準） 第一条　高齢者、障害者等の移動等の円滑化の促進に関する法律（以下「法」という。）第十七条第三項第一号の主務省令で定める建築物特定施設の構造及び配置に関する基準は、この省令の定めるところによる。	（利用円滑化誘導基準） 第六条　法第六条第三項第一号の国土交通省令で定める特定施設の構造及び配置に関する基準は、次条から第二十一条までに定めるところによる。
（出入口） 第二条　多数の者が利用する出入口（次項に規定するもの並びにかご、昇降路、便所及び浴室等に設けられるものを除き、かつ、二以上の出入口を併設する場合には、そのうち一以上のものに限る。）は、次に掲げるものでなければならない。 一　幅は、九十センチメートル以上とすること。 二　戸を設ける場合には、自動的に開閉する構造その他の車いす使用者が容易に開閉して通過できる構造とし、かつ、その前後に高低差がないこと。 2　多数の者が利用する直接地上へ通ずる出入口のうち一以上のものは、次に掲げるものでなければならない。 一　幅は、百二十センチメートル以上とすること。 二　戸を設ける場合には、自動的に開閉する構造とし、かつ、その前後に高低差がないこと。	（出入口） 第七条　多数の者が利用する出入口（次項に規定するもの並びにかご、昇降路、便所及び浴室等に設けられるものを除き、かつ、二以上の出入口を併設する場合には、そのうち一以上のものに限る。）は、次に掲げるものでなければならない。 一　幅は、九十センチメートル以上とすること。 二　戸を設ける場合には、自動的に開閉する構造その他の車いす使用者が容易に開閉して通過できる構造とし、かつ、その前後に高低差がないこと。 2　多数の者が利用する直接地上へ通ずる出入口のうち一以上のものは、次に掲げるものでなければならない。 一　幅は、百二十センチメートル以上とすること。 二　戸を設ける場合には、自動的に開閉する構造とし、かつ、その前後に高低差がないこと。
（廊下等） 第三条　多数の者が利用する廊下等は、次に掲げるものでなければならない。 一　幅は、百八十センチメートル以上とすること。ただし、五十メートル以内ごとに車いすのすれ違いに支障がない場所を設ける場合にあっては、百四十センチメートル以上とすることができる。 二　表面は、粗面とし、又は滑りにくい材料で仕上げるこ	（廊下等） 第八条　多数の者が利用する廊下等は、次に掲げるものでなければならない。 一　幅は、百八十センチメートル以上とすること。ただし、五十メートル以内ごとに車いすのすれ違いに支障がない場所を設ける場合にあっては、百四十センチメートル以上とすることができる。 二　表面は、粗面とし、又は滑りにくい材料で仕上げるこ

新	旧
と。	と。
三　階段又は傾斜路（階段に代わり、又はこれに併設するものに限る。）の上端に近接する廊下等の部分（不特定かつ多数の者が利用し、又は主として視覚障害者が利用するものに限る。）には、点状ブロック等を敷設すること。ただし、視覚障害者の利用上支障がないものとして国土交通大臣が定める場合は、この限りでない。	三　階段又は傾斜路（階段に代わり、又はこれに併設するものに限る。）の上端に近接する廊下等の部分（不特定かつ多数の者が利用し、又は主として視覚障害者が利用するものに限る。）には、点状ブロック等を敷設すること。ただし、視覚障害者の利用上支障がないものとして国土交通大臣が定める場合は、この限りでない。
四　戸を設ける場合には、自動的に開閉する構造その他の車いす使用者が容易に開閉して通過できる構造とし、かつ、その前後に高低差がないこと。	四　戸を設ける場合には、自動的に開閉する構造その他の車いす使用者が容易に開閉して通過できる構造とし、かつ、その前後に高低差がないこと。
五　側面に廊下等に向かって開く戸を設ける場合には、当該戸の開閉により高齢者、障害者等の通行の安全上支障がないよう必要な措置を講ずること。	五　側面に廊下等に向かって開く戸を設ける場合には、当該戸の開閉により高齢者、身体障害者等の通行の安全上支障がないよう必要な措置を講ずること。
六　不特定かつ多数の者が利用し、又は主として視覚障害者が利用する廊下等に突出物を設けないこと。ただし、視覚障害者の通行の安全上支障が生じないよう必要な措置を講じた場合は、この限りでない。	六　不特定かつ多数の者が利用し、又は主として視覚障害者が利用する廊下等に突出物を設けないこと。ただし、視覚障害者の通行の安全上支障が生じないよう必要な措置を講じた場合は、この限りでない。
七　高齢者、障害者等の休憩の用に供する設備を適切な位置に設けること。	七　高齢者、身体障害者等の休憩の用に供する設備を適切な位置に設けること。
2　前項第一号及び第四号の規定は、車いす使用者の利用上支障がないものとして国土交通大臣が定める廊下等の部分には、適用しない。	2　前項第一号及び第四号の規定は、車いす使用者の利用上支障がないものとして国土交通大臣が定める廊下等の部分には、適用しない。
（階段）	（階段）
第四条　多数の者が利用する階段は、次に掲げるものとしなければならない。	第九条　多数の者が利用する階段は、次に掲げるものとしなければならない。
一　幅は、百四十センチメートル以上とすること。ただし、手すりが設けられた場合にあっては、手すりの幅が十センチメートルを限度として、ないものとみなして算定することができる。	一　幅は、百四十センチメートル以上とすること。ただし、手すりが設けられた場合にあっては、手すりの幅が十センチメートルを限度として、ないものとみなして算定することができる。
二　けあげの寸法は、十六センチメートル以下とすること。	二　けあげの寸法は、十六センチメートル以下とすること。
三　踏面の寸法は、三十センチメートル以上とすること。	三　踏面の寸法は、三十センチメートル以上とすること。
四　踊場を除き、両側に手すりを設けること。	四　踊場を除き、両側に手すりを設けること。
五　表面は、粗面とし、又は滑りにくい材料で仕上げること。	五　表面は、粗面とし、又は滑りにくい材料で仕上げること。
六　踏面の端部とその周囲の部分との色の明度、色相又は彩度の差が大きいことにより段を容易に識別できるものとすること。	六　踏面の端部とその周囲の部分との色の明度の差が大きいこと等により段を容易に識別できるものとすること。
七　段鼻の突き出しその他のつまずきの原因となるものを設けない構造とすること。	七　段鼻の突き出しがないこと等によりつまずきにくい構造とすること。
八　段がある部分の上端に近接する踊場の部分（不特定かつ多数の者が利用し、又は主として視覚障害者が利用するものに限る。）には、点状ブロック等を敷設すること。ただし、視覚障害者の利用上支障がないものとして国土交通大臣が定める場合は、この限りでない。	八　段がある部分の上端に近接する踊場の部分（不特定かつ多数の者が利用し、又は主として視覚障害者が利用するものに限る。）には、点状ブロック等を敷設すること。ただし、視覚障害者の利用上支障がないものとして国土交通大臣が定める場合は、この限りでない。
九　主たる階段は、回り階段でないこと。	九　主たる階段は、回り階段でないこと。
（傾斜路又はエレベーターその他の昇降機の設置）	（傾斜路又は昇降機の設置）
第五条　多数の者が利用する階段を設ける場合には、階段に代わり、又はこれに併設する傾斜路又はエレベーターその他の昇降機（二以上の階にわたるときには、第七条に定	第十条　多数の者が利用する階段を設ける場合には、階段に代わり、又はこれに併設する傾斜路又は昇降機（二以上の階にわたるときには、第十二条に定めるものに限る。）

新	旧
めるものに限る。）を設けなければならない。ただし、車いす使用者の利用上支障がないものとして国土交通大臣が定める場合は、この限りでない。	を設けなければならない。ただし、車いす使用者の利用上支障がないものとして国土交通大臣が定める場合は、この限りでない。
（階段に代わり、又はこれに併設する傾斜路） 第六条　多数の者が利用する傾斜路（階段に代わり、又はこれに併設するものに限る。）は、次に掲げるものでなければならない。 一　幅は、階段に代わるものにあっては百五十センチメートル以上、階段に併設するものにあっては百二十センチメートル以上とすること。 二　勾配は、十二分の一を超えないこと。 三　高さが七十五センチメートルを超えるものにあっては、高さ七十五センチメートル以内ごとに踏幅が百五十センチメートル以上の踊場を設けること。 四　高さが十六センチメートルを超える傾斜がある部分には、両側に手すりを設けること。 五　表面は、粗面とし、又は滑りにくい材料で仕上げること。 六　その前後の廊下等との色の明度、色相又は彩度の差が大きいことによりその存在を容易に識別できるものとすること。 七　傾斜がある部分の上端に近接する踊場の部分（不特定かつ多数の者が利用し、又は主として視覚障害者が利用するものに限る。）には、点状ブロック等を敷設すること。ただし、視覚障害者の利用上支障がないものとして国土交通大臣が定める場合は、この限りでない。 2　前項第一号から第三号までの規定は、車いす使用者の利用上支障がないものとして国土交通大臣が定める傾斜路の部分には、適用しない。この場合において、勾配が十二分の一を超える傾斜がある部分には、両側に手すりを設けなければならない。	（階段に代わり、又はこれに併設する傾斜路） 第十一条　多数の者が利用する傾斜路（階段に代わり、又はこれに併設するものに限る。）は、次に掲げるものでなければならない。 一　幅は、階段に代わるものにあっては百五十センチメートル以上、階段に併設するものにあっては百二十センチメートル以上とすること。 二　勾配は、十二分の一を超えないこと。 三　高さが七十五センチメートルを超えるものにあっては、高さ七十五センチメートル以内ごとに踏幅が百五十センチメートル以上の踊場を設けること。 四　高さが十六センチメートルを超える傾斜がある部分には、両側に手すりを設けること。 五　表面は、粗面とし、又は滑りにくい材料で仕上げること。 六　その前後の廊下等との色の明度の差が大きいこと等によりその存在を容易に識別できるものとすること。 七　傾斜がある部分の上端に近接する踊場の部分（不特定かつ多数の者が利用し、又は主として視覚障害者が利用するものに限る。）には、点状ブロック等を敷設すること。ただし、視覚障害者の利用上支障がないものとして国土交通大臣が定める場合は、この限りでない。 2　前項第一号から第三号までの規定は、車いす使用者の利用上支障がないものとして国土交通大臣が定める傾斜路の部分には、適用しない。この場合において、勾配が十二分の一を超える傾斜がある部分には、両側に手すりを設けなければならない。
（エレベーター） 第七条　多数の者が利用するエレベーター（次条に規定するものを除く。以下この条において同じ。）を設ける場合には、第一号及び第二号に規定する階に停止するかごを備えたエレベーターを、第一号に規定する階ごとに一以上設けなければならない。 一　多数の者が利用する居室、車いす使用者用便房、車いす使用者用駐車施設、車いす使用者用客室又は第十三条第一号に規定する車いす使用者用浴室等がある階 二　直接地上へ通ずる出入口のある階 2　多数の者が利用するエレベーター及びその乗降ロビーは、次に掲げるものでなければならない。 一　かご及び昇降路の出入口の幅は、八十センチメートル以上とすること。 二　かごの奥行きは、百三十五センチメートル以上とすること。 三　乗降ロビーは、高低差がないものとし、その幅及び奥行きは、百五十センチメートル以上とすること。	（昇降機） 第十二条　多数の者が利用する昇降機（次条に規定するものを除く。以下この条において同じ。）を設ける場合には、第一号及び第二号に規定する階に停止するかごを備えた昇降機を、第一号に規定する階ごとに一以上設けなければならない。 一　多数の者が利用する居室、車いす使用者用便房、車いす使用者用駐車施設、第十七条第一号に規定する車いす使用者用浴室等又は第十八条第一項に規定する車いす使用者用客室がある階 二　直接地上へ通ずる出入口のある階 2　多数の者が利用する昇降機及びその乗降ロビーは、次に掲げるものでなければならない。 一　かご及び昇降路の出入口の幅は、八十センチメートル以上とすること。 二　かごの奥行きは、百三十五センチメートル以上とすること。 三　乗降ロビーは、高低差がないものとし、その幅及び奥行きは、百五十センチメートル以上とすること。

新	旧
四　かご内に、かごが停止する予定の階及びかごの現在位置を表示する装置を設けること。 五　乗降ロビーに、到着するかごの昇降方向を表示する装置を設けること。 3　第一項の規定により設けられた多数の者が利用するエレベーター及びその乗降ロビーは、前項に定めるもののほか、次に掲げるものでなければならない。 一　かごの幅は、百四十センチメートル以上とすること。 二　かごは、車いすの転回に支障がない構造とすること。 三　かご内及び乗降ロビーには、車いす使用者が利用しやすい位置に制御装置を設けること。 4　不特定かつ多数の者が利用するエレベーターは、第二項第一号、第二号及び第四号並びに前項第一号及び第二号に定めるものでなければならない。 5　第一項の規定により設けられた不特定かつ多数の者が利用するエレベーター及びその乗降ロビーは、第二項第二号、第四号及び第五号並びに第三項第二号及び第三号に定めるもののほか、次に掲げるものでなければならない。 一　かごの幅は、百六十センチメートル以上とすること。 二　かご及び昇降路の出入口の幅は、九十センチメートル以上とすること。 三　乗降ロビーは、高低差がないものとし、その幅及び奥行きは、百八十センチメートル以上とすること。 6　第一項の規定により設けられた不特定かつ多数の者が利用し、又は主として視覚障害者が利用するエレベーター及びその乗降ロビーは、第三項又は前項に定めるもののほか、次に掲げるものでなければならない。ただし、視覚障害者の利用上支障がないものとして国土交通大臣が定める場合は、この限りでない。 一　かご内に、かごが到着する階並びにかご及び昇降路の出入口の戸の閉鎖を音声により知らせる装置を設けること。 二　かご内及び乗降ロビーに設ける制御装置（車いす使用者が利用しやすい位置及びその他の位置に制御装置を設ける場合にあっては、当該その他の位置に設けるものに限る。）は、点字その他国土交通大臣が定める方法により視覚障害者が円滑に操作することができる構造とすること。 三　かご内又は乗降ロビーに、到着するかごの昇降方向を音声により知らせる装置を設けること。 （特殊な構造又は使用形態のエレベーターその他の昇降機） 第八条　階段又は段に代わり、又はこれに併設する国土交通大臣が定める特殊な構造又は使用形態のエレベーターその他の昇降機は、車いす使用者が円滑に利用できるものとして国土交通大臣が定める構造としなければならない。 （便所） 第九条　多数の者が利用する便所は、次に掲げるものでなければならない。 一　多数の者が利用する便所（男子用及び女子用の区別が	四　かご内に、かごが停止する予定の階及びかごの現在位置を表示する装置を設けること。 五　乗降ロビーに、到着するかごの昇降方向を表示する装置を設けること。 3　第一項の規定により設けられた多数の者が利用する昇降機及びその乗降ロビーは、前項に定めるもののほか、次に掲げるものでなければならない。 一　かごの床面積は、一・八三平方メートル以上とすること。 二　かごは、車いすの転回に支障がない構造とすること。 三　かご内及び乗降ロビーには、車いす使用者が利用しやすい位置に制御装置を設けること。 4　不特定かつ多数の者が利用する昇降機にあっては、第二項第一号、第二号及び第四号並びに前項第一号及び第二号に定めるものでなければならない。 5　第一項の規定により設けられた不特定かつ多数の者が利用する昇降機及びその乗降ロビーは、第二項第二号、第四号及び第五号並びに第三項第二号及び第三号に定めるもののほか、次に掲げるものでなければならない。 一　かごの床面積は、二・〇九平方メートル以上とすること。 二　かご及び昇降路の出入口の幅は、九十センチメートル以上とすること。 三　乗降ロビーは、高低差がないものとし、その幅及び奥行きは、百八十センチメートル以上とすること。 6　第一項の規定により設けられた不特定かつ多数の者が利用し、又は主として視覚障害者が利用する昇降機及びその乗降ロビーは、第三項又は前項に定めるもののほか、次に掲げるものでなければならない。ただし、視覚障害者の利用上支障がないものとして国土交通大臣が定める場合は、この限りでない。 一　かご内に、かごが到着する階並びにかご及び昇降路の出入口の戸の閉鎖を音声により知らせる装置を設けること。 二　かご内及び乗降ロビーに設ける制御装置（車いす使用者が利用しやすい位置及びその他の位置に制御装置を設ける場合にあっては、当該その他の位置に設けるものに限る。）は、点字により表示する等視覚障害者が円滑に操作することができる構造とすること。 三　かご内又は乗降ロビーに、到着するかごの昇降方向を音声により知らせる装置を設けること。 （特殊な構造又は使用形態の昇降機） 第十三条　階段又は段に代わり、又はこれに併設する特殊な構造又は使用形態の昇降機は、車いす使用者が円滑に利用できるものとして国土交通大臣が定める構造としなければならない。 （便所） 第十四条　多数の者が利用する便所を設ける場合には、当該便所は、次に掲げるものでなければならない。 一　多数の者が利用する便所（男子用及び女子用の区別が

新	旧
あるときは、それぞれの便所)が設けられている階ごとに、当該便所のうち一以上に、車いす使用者用便房及び高齢者、障害者等が円滑に利用することができる構造の水洗器具を設けた便房を設けること。 二　多数の者が利用する便所が設けられている階の車いす使用者用便房の数は、当該階の便房(多数の者が利用するものに限る。以下この号において同じ。)の総数が二百以下の場合は当該便房の総数に五十分の一を乗じて得た数以上とし、当該階の便房の総数が二百を超える場合は当該便房の総数に百分の一を乗じて得た数に二を加えた数以上とすること。 三　車いす使用者用便房及び当該便房が設けられている便所の出入口は、次に掲げるものであること。 　イ　幅は、八十センチメートル以上とすること。 　ロ　戸を設ける場合には、自動的に開閉する構造その他の車いす使用者が容易に開閉して通過できる構造とし、かつ、その前後に高低差がないこと。 四　多数の者が利用する便所に車いす使用者用便房が設けられておらず、かつ、当該便所に近接する位置に車いす使用者用便房が設けられている便所が設けられていない場合には、当該便所内に腰掛便座及び手すりの設けられた便房を一以上設けること。 2　多数の者が利用する男子用小便器のある便所が設けられている階ごとに、当該便所のうち一以上に、床置式の小便器、壁掛式の小便器(受け口の高さが三十五センチメートル以下のものに限る。)その他これらに類する小便器を一以上設けなければならない。 (ホテル又は旅館の客室) 第十条　ホテル又は旅館には、客室の総数が二百以下の場合は当該客室の総数に五十分の一を乗じて得た数以上、客室の総数が二百を超える場合は当該客室の総数に百分の一を乗じて得た数に二を加えた数以上の車いす使用者用客室を設けなければならない。 2　車いす使用者用客室は、次に掲げるものでなければならない。 一　出入口は、次に掲げるものであること。 　イ　幅は、八十センチメートル以上とすること。 　ロ　戸を設ける場合には、自動的に開閉する構造その他の車いす使用者が容易に開閉して通過できる構造とし、かつ、その前後に高低差がないこと。 二　便所は、次に掲げるものであること。ただし、当該客室が設けられている階に不特定かつ多数の者が利用する便所が一以上(男子用及び女子用の区別があるときは、それぞれ一以上)設けられている場合は、この限りでない。 　イ　便所内に車いす使用者用便房を設けること。 　ロ　車いす使用者用便房及び当該便房が設けられている便所の出入口は、前条第一項第三号イ及びロに掲げるものであること。	あるときは、それぞれの便所)が設けられている階ごとに、当該便所のうち一以上に、車いす使用者用便房を設けること。 二　多数の者が利用する便所が設けられている階の車いす使用者用便房の数は、当該階の便房(多数の者が利用するものに限る。以下この号において同じ。)の総数が二百以下の場合にあっては当該便房の総数に五十分の一を乗じて得た数以上とし、当該階の便房の総数が二百を超える場合にあっては当該便房の総数に百分の一を乗じて得た数に二を加えた数以上とすること。 三　車いす使用者用便房及び当該便房が設けられている便所の出入口は、次に掲げるものであること。 　イ　幅は、八十センチメートル以上とすること。 　ロ　戸を設ける場合には、自動的に開閉する構造その他の車いす使用者が容易に開閉して通過できる構造とし、かつ、その前後に高低差がないこと。 四　車いす使用者用便房が設けられている便所の出入口又はその付近に、その旨を表示した標識を掲示すること。 五　多数の者が利用する便所に車いす使用者用便房が設けられておらず、かつ、当該便所に近接する位置に車いす使用者用便房が設けられている便所が設けられていない場合には、当該便所内に腰掛便座及び手すりの設けられた便房を一以上設けること。 2　多数の者が利用する男子用小便器のある便所が設けられている階ごとに、当該便所のうち一以上に、床置式の小便器その他これに類する小便器を一以上設けなければならない。 (車いす使用者用客室) 第十八条　ホテル又は旅館には、客室の総数が二百以下の場合は当該客室の総数に五十分の一を乗じて得た数以上、客室の総数が二百を超える場合は当該客室の総数に百分の一を乗じて得た数に二を加えた数以上の車いす使用者が円滑に利用できる客室(以下「車いす使用者用客室」という。)を設けなければならない。 2　車いす使用者用客室は、次に掲げるものでなければならない。 一　出入口は、次に掲げるものであること。 　イ　幅は、八十センチメートル以上とすること。 　ロ　戸を設ける場合には、自動的に開閉する構造その他の車いす使用者が容易に開閉して通過できる構造とし、かつ、その前後に高低差がないこと。 二　便所は、次に掲げるものであること。ただし、当該客室が設けられている階に不特定かつ多数の者が利用する便所が設けられている場合は、この限りでない。 　イ　便所内に車いす使用者用便房を設けること。 　ロ　車いす使用者用便房及び当該便房が設けられている便所の出入口は、第十四条第一項第三号イ及びロに掲げるものであること。

新	旧
三　浴室等は、次に掲げるものであること。ただし、当該客室が設けられている建築物に不特定かつ多数の者が利用する浴室等が一以上（男子用及び女子用の区別があるときは、それぞれ一以上）設けられている場合は、この限りでない。 　イ　車いす使用者が円滑に利用することができるものとして国土交通大臣が定める構造の浴室等（以下「車いす使用者用浴室等」という。）であること。 　ロ　出入口は、次に掲げるものであること。 　(1)　幅は、八十センチメートル以上とすること。 　(2)　戸を設ける場合には、自動的に開閉する構造その他の車いす使用者が容易に開閉して通過できる構造とし、かつ、その前後に高低差がないこと。	三　浴室等は、前条各号に掲げるものであること。ただし、当該客室が設けられている建築物に不特定かつ多数の者が利用する浴室等が設けられている場合は、この限りでない。
（敷地内の通路） 第十一条　多数の者が利用する敷地内の通路は、次に掲げるものでなければならない。 一　段がある部分及び傾斜路を除き、幅は、百八十センチメートル以上とすること。 二　表面は、粗面とし、又は滑りにくい材料で仕上げること。 三　戸を設ける場合には、自動的に開閉する構造その他の車いす使用者が容易に開閉して通過できる構造とし、かつ、その前後に高低差がないこと。 四　段がある部分は、次に掲げるものであること。 　イ　幅は、百四十センチメートル以上とすること。ただし、手すりが設けられた場合にあっては、手すりの幅が十センチメートルを限度として、ないものとみなして算定することができる。 　ロ　けあげの寸法は、十六センチメートル以下とすること。 　ハ　踏面の寸法は、三十センチメートル以上とすること。 　ニ　両側に手すりを設けること。 　ホ　踏面の端部とその周囲の部分との色の明度、色相又は彩度の差が大きいことにより段を容易に識別できるものとすること。 　ヘ　段鼻の突き出しその他のつまずきの原因となるものを設けない構造とすること。 五　段を設ける場合には、段に代わり、又はこれに併設する傾斜路又はエレベーターその他の昇降機を設けなければならない。 六　傾斜路は、次に掲げるものであること。 　イ　幅は、段に代わるものにあっては百五十センチメートル以上、段に併設するものにあっては百二十センチメートル以上とすること。 　ロ　勾配は、十五分の一を超えないこと。 　ハ　高さが七十五センチメートルを超えるもの（勾配が二十分の一を超えるものに限る。）にあっては、高さ七十五センチメートル以内ごとに踏幅が百五十センチメートル以上の踊場を設けること。 　ニ　高さが十六センチメートルを超え、かつ、勾配が二十分の一を超える傾斜がある部分には、両側に手すりを設	（敷地内の通路） 第十五条　多数の者が利用する敷地内の通路は、次に掲げるものでなければならない。 一　段がある部分及び傾斜路を除き、幅は、百八十センチメートル以上とすること。 二　表面は、粗面とし、又は滑りにくい材料で仕上げること。 三　戸を設ける場合には、自動的に開閉する構造その他の車いす使用者が容易に開閉して通過できる構造とし、かつ、その前後に高低差がないこと。 四　段がある部分は、次に掲げるものとすること。 　イ　幅は、百四十センチメートル以上とすること。ただし、手すりが設けられた場合にあっては、手すりの幅が十センチメートルを限度として、ないものとみなして算定することができる。 　ロ　けあげの寸法は、十六センチメートル以下とすること。 　ハ　踏面の寸法は、三十センチメートル以上とすること。 　ニ　両側に手すりを設けること。 　ホ　踏面の端部とその周囲の部分との色の明度の差が大きいこと等により段を容易に識別できるものとすること。 　ヘ　段鼻の突き出しがないこと等によりつまずきにくい構造とすること。 五　段を設ける場合には、段に代わり、又はこれに併設する傾斜路又は昇降機を設けなければならない。 六　傾斜路は、次に掲げるものであること。 　イ　幅は、段に代わるものにあっては百五十センチメートル以上、段に併設するものにあっては百二十センチメートル以上とすること。 　ロ　勾配は、十五分の一を超えないこと。 　ハ　高さが七十五センチメートルを超えるもの（勾配が二十分の一を超えるものに限る。）にあっては、高さ七十五センチメートル以内ごとに踏幅が百五十センチメートル以上の踊場を設けること。 　ニ　高さが十六センチメートルを超え、かつ、勾配が二十分の一を超える傾斜がある部分には、両側に手すりを設

新	旧
けること。 ホ　その前後の通路との色の明度、色相又は彩度の差が大きいことによりその存在を容易に識別できるものとすること。 2　多数の者が利用する敷地内の通路（道等から直接地上へ通ずる出入口までの経路を構成するものに限る。）が地形の特殊性により前項の規定によることが困難である場合においては、同項第一号、第三号、第五号及び第六号イからハまでの規定は、当該敷地内の通路が設けられた建築物の車寄せから直接地上へ通ずる出入口までの敷地内の通路の部分に限り、適用する。 3　第一項第一号、第三号、第五号及び第六号イからハまでの規定は、車いす使用者の利用上支障がないものとして国土交通大臣が定める敷地内の通路の部分には、適用しない。この場合において、勾配が十二分の一を超える傾斜がある部分には、両側に手すりを設けなければならない。 （駐車場） 第十二条　多数の者が利用する駐車場には、当該駐車場の全駐車台数が二百以下の場合は当該駐車台数に五十分の一を乗じて得た数以上、全駐車台数が二百を超える場合は当該駐車台数に百分の一を乗じて得た数に二を加えた数以上の車いす使用者用駐車施設を設けなければならない。 （浴室等） 第十三条　多数の者が利用する浴室等を設ける場合には、そのうち一以上（男子用及び女子用の区別があるときは、それぞれ一以上）は、次に掲げるものでなければならない。 一　車いす使用者用浴室等であること。 二　出入口は、第十条第二項第三号ロに掲げるものであること。 （標識） 第十四条　移動等円滑化の措置がとられたエレベーターその他の昇降機、便所又は駐車施設の付近には、それぞれ、当該エレベーターその他の昇降機、便所又は駐車施設があることを表示する標識を、高齢者、障害者等の見やすい位置に設けなければならない。 2　前項の標識は、当該標識に表示すべき内容が容易に識別できるもの（当該内容が日本工業規格Ｚ八二一〇に定められているときは、これに適合するもの）でなければならない。 （案内設備） 第十五条　建築物又はその敷地には、当該建築物又はその敷地内の移動等円滑化の措置がとられたエレベーターその他の昇降機、便所又は駐車施設の配置を表示した案内板その他の設備を設けなければならない。ただし、当該エレベ	けること。 ホ　その前後の通路との色の明度の差が大きいこと等によりその存在を容易に識別できるものとすること。 2　多数の者が利用する敷地内の通路（道等から直接地上へ通ずる出入口までの経路を構成するものに限る。）が地形の特殊性により前項の規定によることが困難である場合においては、同項第一号、第三号、第五号及び第六号イからハまでの規定は、当該敷地内の通路が設けられた建築物の車寄せから直接地上へ通ずる出入口までの敷地内の通路の部分に限り、適用する。 3　第一項第一号、第三号、第五号及び第六号イからハまでの規定は、車いす使用者の利用上支障がないものとして国土交通大臣が定める敷地内の通路の部分には、適用しない。この場合において、勾配が十二分の一を超える傾斜がある部分には、両側に手すりを設けなければならない。 （駐車場） 第十六条　多数の者が利用する駐車場を設ける場合には、当該駐車場の全駐車台数が二百以下の場合にあっては当該駐車台数に五十分の一を乗じて得た数以上、全駐車台数が二百を超える場合にあっては当該駐車台数に百分の一を乗じて得た数に二を加えた数以上の車いす使用者用駐車施設を設けなければならない。 （浴室等） 第十七条　多数の者が利用する浴室等を設ける場合には、そのうち一以上（男子用及び女子用の区分があるときは、それぞれ一以上）は、次に掲げるものでなければならない。 一　車いす使用者が円滑に利用することができるものとして国土交通大臣が定める構造の浴室等（以下「車いす使用者用浴室等」という。）であること。 二　出入口は、次に掲げるものであること。 イ　幅は、八十センチメートル以上とすること。 ロ　戸を設ける場合には、自動的に開閉する構造その他の車いす使用者が容易に開閉して通過できる構造とし、かつ、その前後に高低差がないこと。

新	旧
ーターその他の昇降機、便所又は駐車施設の配置を容易に視認できる場合は、この限りでない。 2　建築物又はその敷地には、当該建築物又はその敷地内の移動等円滑化の措置がとられたエレベーターその他の昇降機又は便所の配置を点字その他国土交通大臣が定める方法により視覚障害者に示すための設備を設けなければならない。 3　案内所を設ける場合には、前二項の規定は適用しない。 （案内設備までの経路） 第十六条　道等から前条第二項の規定による設備又は同条第三項の規定による案内所までの主たる経路（不特定かつ多数の者が利用し、又は主として視覚障害者が利用するものに限る。）は、視覚障害者移動等円滑化経路にしなければならない。ただし、視覚障害者の利用上支障がないものとして国土交通大臣が定める場合は、この限りでない。 （増築等又は修繕等に関する適用範囲） 第十七条　建築物の増築若しくは改築（用途の変更をして特定建築物にすることを含む。以下「増築等」という。）又は建築物の修繕若しくは模様替（建築物特定施設に係るものに限る。以下「修繕等」という。）をする場合には、第二条から前条までの規定は、次に掲げる建築物の部分に限り、適用する。 一　当該増築等又は修繕等に係る部分 二　道等から前号に掲げる部分までの一以上の経路を構成する出入口、廊下等、階段、傾斜路、エレベーターその他の昇降機及び敷地内の通路 三　多数の者が利用する便所のうち一以上のもの 四　第一号に掲げる部分から車いす使用者用便房（前号に掲げる便所に設けられるものに限る。）までの一以上の経路を構成する出入口、廊下等、階段、傾斜路、エレベーターその他の昇降機及び敷地内の通路 五　ホテル又は旅館の客室のうち一以上のもの 六　第一号に掲げる部分から前号に掲げる客室までの一以上の経路を構成する出入口、廊下等、階段、傾斜路、エレベーターその他の昇降機及び敷地内の通路 七　多数の者が利用する駐車場のうち一以上のもの 八　車いす使用者用駐車施設（前号に掲げる駐車場に設けられるものに限る。）から第一号に掲げる部分までの一以上の経路を構成する出入口、廊下等、階段、傾斜路、エレベーターその他の昇降機及び敷地内の通路 九　多数の者が利用する浴室等 十　第一号に掲げる部分から車いす使用者用浴室等（前号に掲げるものに限る。）までの一以上の経路を構成する出入口、廊下等、階段、傾斜路、エレベーターその他の昇降機及び敷地内の通路 2　前項第三号に掲げる建築物の部分について第九条の規定を適用する場合には、同条第一項第一号中「便所（男子用及び女子用の区別があるときは、それぞれの便所）が設	（案内設備までの経路） 第十九条　建築物又はその敷地に当該建築物の案内設備を設ける場合には、道等から当該案内設備までの主たる経路（不特定かつ多数の者が利用し、又は主として視覚障害者が利用するものに限る。）を、視覚障害者利用円滑化経路にしなければならない。ただし、視覚障害者の利用上支障がないものとして国土交通大臣が定める場合は、この限りでない。 （増築等又は修繕等に関する適用範囲） 第二十条　建築物の増築若しくは改築（用途の変更をして特定建築物にすることを含む。以下「増築等」という。）又は建築物の修繕若しくは模様替（特定施設に係るものに限る。以下「修繕等」という。）をする場合には、第七条から前条までの規定は、次に掲げる建築物の部分に限り、適用する。 一　当該増築等又は修繕等に係る部分 二　道等から前号に掲げる部分までの一以上の経路を構成する出入口、廊下等、階段、傾斜路、昇降機及び敷地内の通路 三　多数の者が利用する便所のうち一以上のもの 四　第一号に掲げる部分から車いす使用者用便房（前号に掲げる便所に設けられるものに限る。）までの一以上の経路を構成する出入口、廊下等、階段、傾斜路、昇降機及び敷地内の通路 五　多数の者が利用する駐車場のうち一以上のもの 六　車いす使用者用駐車施設（前号に掲げる駐車場に設けられるものに限る。）から第一号に掲げる部分までの一以上の経路を構成する出入口、廊下等、階段、傾斜路、昇降機及び敷地内の通路 七　多数の者が利用する浴室等 八　第一号に掲げる部分から車いす使用者用浴室等（前号に掲げるものに限る。）までの一以上の経路を構成する出入口、廊下等、階段、傾斜路、昇降機及び敷地内の通路 九　ホテル又は旅館の客室のうち一以上のもの 十　第一号に掲げる部分から前号に掲げる客室までの一以上の経路を構成する出入口、廊下等、階段、傾斜路、昇降機及び敷地内の通路 2　前項第三号に掲げる建築物の部分について第十四条の規定を適用する場合には、同条第一項第一号中「便所（男子用及び女子用の区別があるときは、それぞれの便所）が

新	旧
けられている階ごとに、当該便所のうち一以上に、」とあるのは「便所（男子用及び女子用の区別があるときは、それぞれの便所）に、」と、同項第二号中「便所が設けられている階の」とあるのは「便所の」と、「当該階の」とあるのは「当該便所の」と、同条第二項中「便所が設けられている階ごとに、当該便所のうち」とあるのは「便所を設ける場合には、そのうち」とする。 3　第一項第五号に掲げる建築物の部分について第十条の規定を適用する場合には、同条中「客室の総数が二百以下の場合は当該客室の総数に五十分の一を乗じて得た数以上、客室の総数が二百を超える場合は当該客室の総数に百分の一を乗じて得た数に二を加えた数以上」とあるのは「一以上」とする。 4　第一項第七号に掲げる建築物の部分について第十二条の規定を適用する場合には、同条中「当該駐車場の全駐車台数が二百以下の場合は当該駐車台数に五十分の一を乗じて得た数以上、全駐車台数が二百を超える場合は当該駐車台数に百分の一を乗じて得た数に二を加えた数以上」とあるのは「一以上」とする。 （特別特定建築物に関する読替え） 第十八条　特別特定建築物における第二条から前条まで（第三条第一項第三号及び第六号、第四条第八号、第六条第一項第七号、第七条第四項から第六項まで、第十条第二項並びに第十六条を除く。）の規定の適用については、これらの規定（第二条第一項及び第七条第三項を除く。）中「多数の者が利用する」とあるのは「不特定かつ多数の者が利用し、又は主として高齢者、障害者等が利用する」と、第二条第一項中「多数の者が利用する出入口（次項に規定するもの並びにかご、昇降路、便所」とあるのは「不特定かつ多数の者が利用し、又は主として高齢者、障害者等が利用する出入口（次項に規定するもの並びにかご、昇降路、便所、車いす使用者用客室」と、第七条第三項中「多数の者が利用する」とあるのは「主として高齢者、障害者等が利用する」と、前条中「特定建築物」とあるのは「特別特定建築物」とする。 　　　附　則 　この省令は、法の施行の日（平成十八年十二月二十日）から施行する。	設けられている階ごとに、当該便所のうち一以上に、」とあるのは「便所（男子用及び女子用の区別があるときは、それぞれの便所）に、」と、同項第二号中「便所が設けられている階の」とあるのは「便所の」と、「当該階の」とあるのは「当該便所の」と、同条第二項中「便所が設けられている階ごとに、当該便所のうち」とあるのは「便所を設ける場合には、そのうち」とする。 3　第一項第五号に掲げる建築物の部分について第十六条の規定を適用する場合には、同条中「当該駐車場の全駐車台数が二百以下の場合にあっては当該駐車台数に五十分の一を乗じて得た数以上、全駐車台数が二百を超える場合にあっては当該駐車台数に百分の一を乗じて得た数に二を加えた数以上」とあるのは「一以上」とする。 4　第一項第九号に掲げる建築物の部分について第十八条の規定を適用する場合には、同条中「客室の総数が二百以下の場合は当該客室の総数に五十分の一を乗じて得た数以上、客室の総数が二百を超える場合は当該客室の総数に百分の一を乗じて得た数に二を加えた数以上」とあるのは「一以上」とする。 （特別特定建築物に関する読替え） 第二十一条　特別特定建築物における第七条から前条まで（第八条第一項第三号及び第六号、第九条第八号、第十一条第一項第七号、第十二条第四項から第六項まで並びに第十九条を除く。）の規定の適用については、これらの規定（第十二条第三項及び第十八条第二項を除く。）中「多数の者が利用する」とあるのは「不特定かつ多数の者が利用し、又は主として高齢者、身体障害者等が利用する」と、第十二条第三項中「多数の者が利用する」とあるのは「主として高齢者、身体障害者等が利用する」と、前条中「特定建築物」とあるのは「特別特定建築物」とする。 （法第七条第一項の国土交通省令で定める軽微な変更） 第二十二条　法第七条第一項の国土交通省令で定める軽微な変更は、特定建築物の建築等の事業の実施時期の変更のうち、事業の着手又は完了の予定年月日の三月以内の変更とする。 （表示等） 第二十三条　法第九条第一項の国土交通省令で定めるものは、次のとおりとする。 一　広告 二　契約に係る書類 三　その他国土交通大臣が定めるもの 2　法第九条第一項の規定による表示は、第四号様式により行うものとする。 （法第十四条第一項第一号の国土交通省令で定める安全上及び防火上の基準）

新	旧
	第二十四条 法第十四条第一項第一号の国土交通省令で定める安全上及び防火上の基準は、次のとおりとする。 一 専ら車いす使用者の利用に供する昇降機の設置に係る特定建築物の壁、柱、床及びはりは、当該昇降機の設置後において構造耐力上安全な構造であること。 二 当該昇降機の昇降路は、出入口の戸が自動的に閉鎖する構造のものであり、かつ、壁、柱及びはり（当該特定建築物の主要構造部に該当する部分に限る。）が不燃材料で造られたものであること。 （法第十四条第一項第二号の国土交通省令で定める安全上の基準） 第二十五条 法第十四条第一項第二号の国土交通省令で定める安全上の基準は、次のとおりとする。 一 昇降機のかご内及び乗降ロビーには、それぞれ、車いす使用者が利用しやすい位置に制御装置を設けること。この場合において、乗降ロビーに設ける制御装置は、施錠装置を有する覆いを設ける等当該制御装置の利用を停止することができる構造とすること。 二 昇降機は、当該昇降機のかご及び昇降路のすべての出入口の戸に網入ガラス入りのはめごろし戸を設ける等により乗降ロビーからかご内の車いす使用者を容易に覚知できる構造とし、かつ、かご内と常時特定建築物を管理する者が勤務する場所との間を連絡することができる装置が設けられたものとすること。

官庁施設のユニバーサルデザイン
に関する基準及び同解説

平成 18 年版

価格（本体 4,000 円＋税）
送料実費

平成 19 年 3 月 12 日　第 1 刷　発行
令和 5 年 3 月 25 日　第 2 刷　発行

〔検印省略〕

監　　修　　国土交通省大臣官房官庁営繕部

編集・発行　　社団法人　公共建築協会
　　　　　　　〒102-0093　東京都千代田区平河町 1-7-20
　　　　　　　　　　　　　平河町辻田ビル
　　　　　　　電　話　03（3234）6265（代）
　　　　　　　FAX　03（3239）3786
　　　　　　　URL　http://www.pba.or.jp/

発　売　元　　株式会社　建設出版センター
　　　　　　　〒101-0052　東京都千代田区神田小川町 2-8
　　　　　　　　　　　　　光輪ビル
　　　　　　　電　話　03（3293）8255
　　　　　　　FAX　03（3295）1130
　　　　　　　URL　http://www.kensetsu-sc.co.jp/

© 社団法人 公共建築協会 2007　　　　　印刷・製本／麹町印刷
※　無断での転載、複製を禁じます。
ISBN978-4-905873-23-5